Vocabulary for GCSE French

Philip Horsfall

MARY GLASGOW PUBLICATIONS

We are grateful to the following for allowing us to
reproduce published material:

Le Figaro (page 9); L'Officiel des Spectacles (page
29); Télé-Magazine (page 33); Laboratoires Jacques
Logeais, Division Synthémédia Bottu (page 69); Le
Guide Michelin (page 77); La Nouvelle République
du Centre-Ouest, Le Courrier de l'Ouest (page79).

Every effort has been made to trace the copyright
holders but the publishers will be pleased to make
the necessary arrangements at the first opportunity
if there are any omissions.

Design: Penny Mills

Photographs : Keith Gibson
and Mary Glasgow Publications

All rights reserved. No part of this publication may
be reproduced, stored in a retrieval system, or
transmitted in any form or by any means,
electronic, mechanical, photocopying, recording or
otherwise without prior permission in writing from
the publishers.

© Mary Glasgow Publications Ltd., 1988.
First published 1988
Reprinted 1989, 1990, 1991, 1992

Mary Glasgow Publications Ltd.,
131-133 Holland Park Avenue
London W11 4UT

Printed in Great Britain by
The Pheon Press Limited, Bristol.

Contents

Introduction	**5**
1 Talking about yourself and others	**7**
Personal details	7
Nationality	8
Appearance	10
Character and feelings	11
Daily routine	12
Family	13
Telephone	14
2 House and home	**16**
General description	16
Rooms and services	18
Furniture and equipment	19
Animals	21
3 School	**23**
School and the school day	23
School subjects	25
Plans for the future	26
4 Free time and entertainment	**28**
Leisure time and hobbies	28
Sports	30
Entertainment	32
Describing leisure activities	34
5 Work	**36**
Jobs	36
Spare-time jobs and pocket money	38

6 Travel and transport	**39**
Travel to work and to school	39
Finding the way	40
Public transport	42
Private transport	45
7 Holidays	**48**
General description	48
Hotel accommodation	50
Camping	53
Youth hostel	55
Holiday home	56
8 Food and drink	**58**
Items of food and drink	58
Restaurants and cafés	60
9 Shopping	**63**
Food	63
Clothes and items for personal use	66
10 Health and welfare	**68**
11 Times, days, months, seasons	**72**
12 Geography and the weather	**74**
Buildings	74
Nature and location	75
Weather	77

Introduction

This short vocabulary book has one simple aim – to give you a topic-by-topic checklist of the words you will need to know for your French GCSE or Standard Grade exam.

The vocabulary is divided into four sections:

Basic productive vocabulary
(listed as English to French)

These are key words, words you need to have actively at your command. You should be able to use them naturally when you speak French.

Basic receptive vocabulary
(listed as French to English)

These are words you should be able to recognise and understand, though you may not need to use them when you yourself speak.

Higher productive vocabulary
(listed as English to French)

These are words that candidates tackling the higher parts of the exam should know actively in addition to all the basic vocabulary.

Higher receptive vocabulary
(listed as French to English)

These are words that candidates tackling the higher parts of the exam should be able to recognise and understand in addition to the above three categories.

You will see whether a word is masculine or feminine from the use of *le* or *la*. Where a word starts *l'*, the gender is given in brackets: (*m*) or (*f*).

The feminine form of most adjectives is formed by adding an *e* to the masculine form. When an adjective has a feminine form not formed in this way, the irregular feminine form is given in brackets: *heureux (heureuse)*, for example.

The words are not listed in long alphabetical chunks. They are grouped in short blocks of words that go together in some way. This is designed to make your revision more logical and to make it easier for your teacher to set learning or revision homeworks.

A note on job names
In French, certain professions are referred to by masculine nouns which have no feminine equivalent. In these cases, the masculine form is used whether the person is a man or a woman, e.g. **Madame Martin, c'est *le* professeur de maths de ma sœur** or ***le* chef s'appelle Madame Leblanc**. Words like this are marked with an asterisk (*).

Phrases
Near the end of each topic you will find examples of phrases that you might hear or need in the oral exam. Practise reading them aloud, then cover the French and say the phrase using the English translation as a prompt.

5

Signs and notices
For most topics, there is a final section on signs and notices. These are usually, though not always, based on words from the lists. Test yourself by trying to work out what they mean.

This book is a revision guide, a checklist, a consolidation and reference book. It is not a teaching book, nor can it be totally comprehensive. The examining boards say that five per cent of the words used in the exams may come from outside lists such as these. Remember, too, that learning vocabulary is only one part of preparing for an exam. We can't promise you instant success, but if you are confident you can use or recognise all the words in this book in appropriate situations, you are certainly one step closer to a good exam result.

Good luck!

1 Talking about yourself and others

Personal details

BASIC PRODUCTIVE VOCABULARY		BASIC RECEPTIVE VOCABULARY	
to be called	**s'appeler**	épeler	to spell
name	**le nom**	le prénom	first name
identity	**l'identité** (*f*)	signer	to sign
to be English	**être Anglais(e)**	la signature	signature
to speak English	**parler anglais**	le boulevard	broad avenue
age	**l'âge** (*m*)	le code postal	post code
birthday	**l'anniversaire** (*m*)	le département	county
year	**l'an** (*m*)		(*approximately*)
date	**la date**	l'adulte (*m* or *f*)	adult
young	**jeune**		
old	**vieux (vieille)**	HIGHER PRODUCTIVE VOCABULARY	
younger, junior	**cadet (cadette)**	aged	**âgé**
elder, senior	**aîné**	teenager	**l'adolescent(e)**
		grown-up	**la grande personne**
to live	**habiter**	to live	**demeurer**
house	**la maison**	home address	**le domicile**
flat	**l'appartement** (*m*)	outside of	**hors de,**
at Jane's house	**chez Jane**		**à l'extérieur de**
address	**l'adresse** (*f*)		
number	**le numéro**	HIGHER RECEPTIVE VOCABULARY	
road	**la rue, la route**	majeur	of age (*18 and over*)
avenue	**l'avenue** (*f*)	mineur	minor (*under 18*)
lane	**l'allée** (*f*)	naître	to be born
village	**le village**	né	born
town, city	**la ville**	la naissance	birth
		le lieu	place
		à proximité de	near to, close to

BASIC PHRASES

I am called Chris and I'm 15 **Je m'appelle Chris et j'ai 15 ans**
I was born in London in 1972 **Je suis né(e) à Londres en 1972**
I live in Leeds in Yorkshire **J'habite à Leeds dans le Yorkshire**

TALKING ABOUT YOURSELF AND OTHERS

(BASIC PHRASES)

Jane is my younger sister	**Jane est ma sœur cadette**
My birthday is on May 3rd	**Mon anniversaire, c'est le 3 mai**

HIGHER PHRASES

My surname is Smith	**Mon nom de famille est Smith**
I have a brother who is 16 years of age	**J'ai un frère (âgé) de 16 ans**
Can you spell it for me?	**Pouvez-vous me l'épeler?**
I live out of town	**J'habite hors de la ville**
	or **à l'extérieur de la ville**

What are you being asked to fill in on this form?

Nom ....

Date et lieu de naissance ....

Nom de jeune fille ....

Adresse ....

Numéro de téléphone ....

Situation de famille ....

Nationality

BASIC PRODUCTIVE VOCABULARY

England	**l'Angleterre** (*f*)	Scottish	**écossais**
English	**anglais**	Wales	**le Pays de Galles**
France	**la France**	Welsh	**gallois**
French	**français**	(Northern) Ireland	**l'Irlande** (*f*)
USA	**les États-Unis** (*m*)		**(du Nord)**
American	**américain**	Irish	**irlandais**
British	**britannique**	Europe	**l'Europe** (*f*)
Scotland	**l'Écosse** (*f*)	passport	**le passeport**

TALKING ABOUT YOURSELF AND OTHERS

BASIC RECEPTIVE VOCABULARY

l'Allemagne (f) Germany
allemand German
la Belgique Belgium
belge Belgian
le Canada Canada
canadien Canadian
(canadienne)
l'Espagne (f) Spain
espagnol Spanish
la Hollande Holland
hollandais Dutch
l'Italie (f) Italy
italien Italian
(italienne)
le Portugal Portugal
portugais Portuguese

la Grande-Bretagne Great Britain
européen European
(européenne)
parisien Parisian
(parisienne)
l'étranger (m), foreigner
l'étrangère (f)
la pièce d'identité means of identification

HIGHER RECEPTIVE VOCABULARY

l'Autriche (f) Austria
la Suisse Switzerland
la Russie Russia
le Royaume-Uni United Kingdom

BASIC PHRASES

I am English **Je suis Anglais(e)**
I speak English **Je parle anglais**
I was born in Scotland **Je suis né(e) en Écosse**
My father works abroad **Mon père travaille à l'étranger**

HIGHER PHRASES

What nationality are you? **De quelle nationalité êtes-vous?**
Where do you come from? **D'où venez-vous?**
Have you some means of identification? **Avez-vous une pièce d'identité?**

In which countries is this newspaper sold?

Avec l'aimable autorisation du journal Le Figaro.
Copyright Le Figaro 1988.

TALKING ABOUT YOURSELF AND OTHERS

Appearance

BASIC PRODUCTIVE VOCABULARY		BASIC RECEPTIVE VOCABULARY	
white	blanc (blanche)	affreux (affreuse)	awful
black	noir	bouclé	curly
blond	blond	raide	straight *(of hair)*
brown	brun, châtain *(of hair)*, marron *(of eyes)*	la couleur	colour
		roux (rousse)	ginger
grey	gris	bronzé	suntanned
yellow	jaune	laid	ugly
pink	rose		
blue	bleu	HIGHER PRODUCTIVE VOCABULARY	
green	vert	to seem	sembler, avoir l'air
		smart	élégant
hair	les cheveux *(m)*	to recognise	reconnaître
eyes	les yeux *(m)*	to resemble	ressembler à
glasses, spectacles	les lunettes *(f)*	HIGHER RECEPTIVE VOCABULARY	
pale	pâle	fragile	fragile, delicate
handsome, beautiful	beau (belle)	robuste	sturdy, healthy
pretty	joli	semblable	similar
		souple	supple, fit
		paraître	to appear
long	long (longue)		
short	court *(of hair)*		
small	petit		
big, tall	grand		
strong	fort		
fat	gros (grosse)		
slim	mince		
size	la taille		

BASIC PHRASES	
I have blue eyes and brown hair	J'ai les yeux bleus et les cheveux bruns
I'm fairly tall and slim	Je suis assez grand(e) et mince
I think she is very pretty	Je trouve qu'elle est très jolie
I wear glasses	Je porte des lunettes

HIGHER PHRASES	
I'm average size	Je suis de taille moyenne
My brother always looks smart	Mon frère a toujours l'air élégant
I look like my mother	Je ressemble à ma mère

TALKING ABOUT YOURSELF AND OTHERS

Character and feelings

BASIC PRODUCTIVE VOCABULARY

pleasant	**agréable**
nice, likeable	**sympa, sympathique**
good	**bon (bonne)**
wonderful	**formidable**
kind	**gentil (gentille)**
happy	**heureux (heureuse)**
funny	**amusant**
silly	**bête**
naughty	**méchant**
mad	**fou (folle)**
shy	**timide**
sad	**triste**
sure	**sûr**
fairly	**assez**
very	**très**
to like	**aimer**
to laugh	**rire**
to smile	**sourire**
to cry	**pleurer**
I'm fed up	**j'en ai marre**

BASIC RECEPTIVE VOCABULARY

aimable	likeable, nice
charmant	charming
drôle	amusing
calme	calm
poli	polite
de bonne humeur	in a good mood
de mauvaise humeur	in a bad mood
bizarre	strange, odd
paresseux (paresseuse)	lazy
énervé	edgy, irritated

célèbre	famous
sérieux (sérieuse)	serious-minded

HIGHER PRODUCTIVE VOCABULARY

capable	**capable**
confidence	**la confiance**
natural	**naturel (naturelle)**
normal	**normal**
quiet	**tranquille**
disgusting	**dégoûtant**
unpleasant	**désagréable**
unbearable	**insupportable**
bad	**mauvais**
strange	**étrange**
poor	**pauvre**
anxious, worried	**inquiet (inquiète)**
unhappy	**malheureux (malheureuse)**

HIGHER RECEPTIVE VOCABULARY

le caractère	character
la curiosité	curiosity
surprenant	surprising
fier (fière)	proud
habile	skilful
actif (active)	active
honnête	honest
têtu	stubborn
jaloux (jalouse)	jealous
déçu	disappointed
optimiste	optimistic
pessimiste	pessimistic

TALKING ABOUT YOURSELF AND OTHERS

BASIC PHRASES

What is your father like?	Comment est ton père?
I'm afraid	J'ai peur
I think I am fairly shy	Je crois que je suis assez timide
Normally I am lazy	En général, je suis paresseux (paresseuse)

HIGHER PHRASES

I always want to enjoy myself	J'ai toujours envie de m'amuser
I get on well with my parents	Je m'entends bien avec mes parents
He gets angry very quickly	Il se met en colère très vite
She is so clever!	Elle est vraiment intelligente!
People say I'm rather pessimistic	On dit que je suis plutôt pessimiste

Daily routine

BASIC PRODUCTIVE VOCABULARY

to wake up	se réveiller		to listen to	écouter
to get up	se lever		to watch	regarder
time	l'heure (f)		to play	jouer
to have a wash	se laver		to read	lire
to get dressed	s'habiller		to knit	tricoter
to make the bed	faire le lit		free	libre
to have breakfast	prendre le petit déjeuner		weekend	le week-end
			to get changed	se changer
			to go out	sortir
to get a meal ready	préparer un repas		to leave	quitter
to do the cooking	faire la cuisine			
to set the table	mettre le couvert		to return home	rentrer
to eat	manger		to do homework	faire les devoirs
to drink	boire		to write	écrire
lunch	le déjeuner		mail	le courrier
dinner	le dîner		to have a bath	prendre un bain
to wash up	faire la vaisselle		to rest	se reposer
			to sit down	s'asseoir
to do the housework	faire le ménage		to get undressed	se déshabiller
to help	aider		to fall asleep	s'endormir
to work	travailler		to sleep	dormir
to go shopping	faire les courses			
to clean	nettoyer		first of all	d'abord
to vacuum	passer l'aspirateur		finally	enfin
to iron	faire le repassage		usually	généralement
to put away	ranger		then	puis
			next	ensuite
to enjoy yourself	s'amuser			

TALKING ABOUT YOURSELF AND OTHERS

HIGHER PRODUCTIVE VOCABULARY

to lend a hand	**donner un coup de main**	to do the washing	**faire la lessive**
to sweep	**balayer**	to be busy with	**s'occuper de**
to wipe	**essuyer**	to use	**utiliser**
to clear the table	**débarrasser la table**	to fetch	**aller chercher**
to peel	**éplucher**	to disturb	**déranger**
the vegetables	**les légumes** (m)	to go for a walk	**se promener**
to cook	**faire cuire**		

BASIC PHRASES

I normally get up at about 7 o'clock	**Généralement, je me lève vers 7 heures**
My father gets the dinner	**C'est mon père qui prépare le dîner**
What time do you go to bed?	**À quelle heure est-ce que tu te couches?**
I wash up and wash the car	**Je fais la vaisselle et je lave la voiture**

HIGHER PHRASES

Can I give you a hand?	**Est-ce que je peux vous donner un coup de main?**
After getting changed, I walk the dog	**Après m'être changé(e), je promène mon chien**
Most of the time I watch TV	**La plupart du temps, je regarde la télé**
While I'm doing my homework, I listen to music	**J'écoute de la musique en faisant mes devoirs**

Family

BASIC PRODUCTIVE VOCABULARY

family	**la famille**	aunt	**la tante**
parents	**les parents** (m)	cousin	**le cousin, la cousine**
father	**le père**		
mother	**la mère**		
brother	**le frère**	friend	**l'ami, l'amie**
sister	**la sœur**	boy	**le garçon**
son	**le fils**	girl	**la fille**
daughter	**la fille**	boyfriend	**le petit ami**
		girlfriend	**la petite amie**
grandparents	**les grands-parents** (m)	fiancé/fiancée	**le fiancé, la fiancée**
		man	**l'homme** (m)
grandfather	**le grand-père**	lady	**la dame**
grandmother	**la grand-mère**	baby	**le bébé**
uncle	**l'oncle** (m)	child	**l'enfant** (m or f)

TALKING ABOUT YOURSELF AND OTHERS

BASIC RECEPTIVE VOCABULARY

maman	mum
papa	dad
le mari	husband
la femme	wife, woman
le petit-fils	grandson
la petite-fille	granddaughter
le neveu	nephew
la nièce	niece
le copain	friend *(boy or man)*
la copine	friend *(girl or woman)*
les gens *(m)*	people
divorcé	divorced
séparé	separated
marié	married
se marier avec	to get married
unique	only

HIGHER PRODUCTIVE VOCABULARY

to marry	épouser
unmarried	célibataire
older	aîné
younger	cadet (cadette)
neighbour	le voisin, la voisine

HIGHER RECEPTIVE VOCABULARY

le beau-fils	son-in-law
le beau-père	father-in-law
la belle-fille	daughter-in-law
la belle-mère	mother-in-law
un époux	husband
une épouse	wife
veuf (veuve)	widowed

BASIC PHRASES

I do not know your brother	Je ne connais pas ton frère
I am an only child	Je suis fils/fille unique
This is my mother	Je te présente ma mère
Pleased to meet you, sir!	Enchanté(e), monsieur!

HIGHER PHRASES

Most of my relatives live in Scotland	La plupart de mes parents habitent en Écosse
Here is my younger brother with his girlfriend	Voici mon frère cadet avec sa petite amie
My sister has been divorced for two years	Ma sœur est divorcée depuis deux ans
My father was born in the United States	Mon père est né aux États-Unis

Telephone

BASIC PRODUCTIVE VOCABULARY

telephone	le téléphone
to ring up	téléphoner
to call	appeler
to contact	contacter
phone number	le numéro de téléphone
phone directory	l'annuaire *(m)*
nought	zéro
hello	allô

TALKING ABOUT YOURSELF AND OTHERS

BASIC RECEPTIVE VOCABULARY	HIGHER RECEPTIVE VOCABULARY
un faux numéro wrong number **se tromper de numéro** to get the wrong number	**l'opératrice** (f) operator **faire un PCV** to reverse the charges **la tonalité** dialling tone **décrocher (le combiné)** to pick up the receiver **raccrocher** to hang up **composer un numéro** to dial a number

HIGHER PRODUCTIVE VOCABULARY
ring, call **le coup de téléphone**
to ring **sonner**
to hear **entendre**

BASIC PHRASES
It's Sean speaking **C'est Sean à l'appareil**
Don't hang up! **Ne quittez pas!**
I'll ring back tomorrow **Je vais rappeler demain**

HIGHER PHRASES
Can I reverse the charges? **Est-ce que je peux faire un PCV?**
Can you give me a ring? **Tu peux me donner un coup de téléphone?**
I got the wrong number **Je me suis trompé(e) de numéro**

2 House and home

General description

BASIC PRODUCTIVE VOCABULARY			
to live	habiter	entrance	l'entrée (f)
to buy	acheter	to enter	entrer
to sell	vendre		
to like	aimer	to come	venir
to love	adorer	at Michel's home	chez Michel
to dislike, hate	détester	far from	loin de
to decorate	décorer	near to	près de

old	vieux (vieille)		
new	nouveau (nouvelle)	BASIC RECEPTIVE VOCABULARY	
modern	moderne	le bâtiment	building
super	formidable, super	une HLM	council flat
smart	chic	l'intérieur (m)	inside, interior
big	grand	l'extérieur (m)	outside, exterior
small	petit	le métal	metal
comfortable	confortable	le plastique	plastic
pleasant	agréable		
lovely	beau (belle)	le bruit	noise
expensive	cher (chère)	le calme	quiet
		la location	rent, hire
flat	l'appartement (m)	louer	to rent
block of flats	l'immeuble (m)	déménager	to move house
house	la maison	agrandir	to make bigger, to extend (a house)
farm	la ferme		
brick	la brique	construire	to build
wood	le bois		
		étroit	narrow
garden	le jardin	neuf (neuve)	brand-new
plant	la plante	parfait	perfect
flower	la fleur	affreux (affreuse)	awful
tree	l'arbre (m)	pratique	practical
view	la vue	typique	typical
		laid	ugly
floor, storey	l'étage (m)	sale	dirty
ground floor	le rez-de-chaussée	propre	clean, own
roof	le toit	utile	useful

HOUSE AND HOME

HIGHER PRODUCTIVE VOCABULARY

to stay	**demeurer**
lodgings	**le logement**
downstairs	**en bas**
upstairs	**en haut**
comfort	**le confort**
condition	**l'état** *(m)*
quiet	**tranquille**
odd	**bizarre**
to water	**arroser**
to grow	**cultiver**

HIGHER RECEPTIVE VOCABULARY

aménager	to fit out, equip
au-dessous	below
au-dessus	above
le loyer	rent
vivre	to live
le buisson	bush
le sapin	fir tree
tondre la pelouse	to mow the lawn

BASIC PHRASES

I live in a council flat	**J'habite (dans) une HLM**
My house has got two storeys	**Chez moi, il y a deux étages**
Our house is typically English, made of red brick	**Notre maison est typiquement anglaise, en brique rouge**
Do you live in a flat or a house?	**Est-ce que tu habites (dans) un appartement ou une maison?**

HIGHER PHRASES

The farm is not in very good condition	**La ferme est en mauvais état**
My bedroom is above the garage	**Ma chambre est au-dessus du garage**
We are going to fit out the kitchen	**Nous allons aménager la cuisine**
We grow vegetables at home	**Chez nous, on cultive des légumes**

What do these phrases from house and flat advertisements mean?

■ 88.29.28.
Sud Parthenay, maison 5-6 pièces, entièrement rénovée, jardin et dépendances, loyer 2 000 F/mois Tél. 49.09.87.87.

■ Part. VD appt habitation 2 étages avec rez-de-chaussée, conv. commerce avec jardin, situé entre bourg Acouhévérac.

74.
■ A VENDRE pavillon jumelé, St-Benoît Chantejean, 5 ch. 2 s. de b. séjour, cheminée, terrasse, terrain boisé, proximité lycées. bus. Tél. 57.10.27.

7 km environ de Parthenay, maison gatinaise 3 pièces avec poutres et cheminée, salle d'eau, de-ch., grenier aménageable au-dessus, garage, ces attenantes; terrain de 1500 m² environ.

GGI 17 A.V. Vaux proxi. Royan, 50 m plage, 50 m² env., cuis., 2 chs, s. à m. s. d'eau, wc, balcon, vue mer et plage ensoleillé, cour, construc. ancienne.

HOUSE AND HOME

Rooms and services

BASIC PRODUCTIVE VOCABULARY		BASIC RECEPTIVE VOCABULARY	
room	la pièce	l'ascenseur (m)	lift
dining room	la salle à manger	la cave	cellar
living room	la salle de séjour	le sous-sol	basement
sitting room	la salle de séjour	le mur	wall
bedroom	la chambre	le couloir	corridor
bathroom	la salle de bain	la cour	yard
kitchen	la cuisine	le balcon	balcony
		le radiateur	radiator
toilet	les toilettes (f), les WC (m)	les WC	toilet
shower	la douche	HIGHER PRODUCTIVE VOCABULARY	
hall	le vestibule	DIY	le bricolage
stairs	l'escalier (m)	attic	le grenier
garage	le garage	ceiling	le plafond
parking space	le parking	floor	le plancher
		to sweep	balayer
water	l'eau (f)	to wipe	essuyer
gas	le gaz	bulb	l'ampoule électrique (f)
electricity	l'électricité (f)		
electric	électrique		
central heating	le chauffage central	HIGHER RECEPTIVE VOCABULARY	
light	la lumière	le palier	landing
to switch on	allumer	le débarras	junk room
match	l'allumette (f)	l'entretien (m)	maintenance
		la prise de courant	electric socket
door	la porte	le volet	shutter
window	la fenêtre	la serrure	lock
to fix	réparer		
to clean	nettoyer		
to do the housework	faire le ménage		

BASIC PHRASES

On the first floor there are three bedrooms	Au premier étage, il y a trois chambres
Where is the bathroom?	Où est la salle de bain?
Here is a plan of our flat	Voici un plan de notre appartement
My father helps with the housework	Mon père aide à faire le ménage

HOUSE AND HOME

HIGHER PHRASES

My mother likes DIY **Ma mère aime faire du bricolage**
Over there you can see a sort of junk room **Par là, tu vois une sorte de débarras**
You don't have a plug in your room **Tu n'as pas de prise de courant dans ta chambre**
Should I close the shutters before I go to sleep? **Faut-il fermer les volets avant de m'endormir?**

What do these phrases from accommodation advertisements mean?

```
VACANCES

■ GGI 17 Part. VEND Royan,      ■ GGI 24, A.V. à Chatelaillon
rés. Rond-Point, appt état neuf,  plage, maison 4 piéces, s.d.b.,
t. b. meublé, entr., cuis., séj., wc, plus studio dans cour,
ch., cave, parking, grde loggia, 20 rue Parthenay. Tél.
expo. sud, libre 1-7. 315 500 F. 53.64.50.04 matin.
Tél. 46.34.96.38.                 ■ VDS la Faute.s.mer,
                                  appart., maison, plain-pied,
                                  meublé, acs dir. plage. Tél.
                                  25.94.51.69.
```

Furniture and equipment

BASIC PRODUCTIVE VOCABULARY

wardrobe	**l'armoire** (f)	knife	**le couteau**
chair	**la chaise**	fork	**la fourchette**
bed	**le lit**	spoon	**la cuiller (la cuillère)**
lamp	**la lampe**		
carpet	**le tapis**	plate	**l'assiette** (f)
vacuum cleaner	**l'aspirateur** (m)	bowl	**le bol**
poster	**le poster**	glass	**le verre**
		cup	**la tasse**
cooker	**la cuisinière**	saucepan	**la casserole**
fridge	**le frigo**		
cupboard	**le placard**	bath(tub)	**la baignoire**
sink	**l'évier** (m)	shower	**la douche**
washing machine	**la machine à laver**	mirror	**la glace**
table	**la table**	washbasin	**le lavabo**
dustbin	**la poubelle**	toothbrush	**la brosse à dents**

HOUSE AND HOME

(BASIC PRODUCTIVE VOCABULARY)

toothpaste	**le dentifrice**
soap	**le savon**
razor	**le rasoir**
towel	**la serviette**
shampoo	**le shampooing**
sideboard	**le buffet**
photo	**la photo**
vase	**le vase**
tray	**le plateau**
bottle	**la bouteille**
useful	**utile**
stereo	**la chaîne-stéréo**
record	**le disque**
record player	**l'électrophone** (*m*)
radio	**la radio**
transistor radio	**le transistor**
tape recorder	**le magnétophone**
video	**le magnétoscope**
television	**la télévision**
telephone	**le téléphone**
to work	**marcher**
armchair	**le fauteuil**

BASIC RECEPTIVE VOCABULARY

la couverture	blanket
le drap	sheet
l'oreiller (*m*)	pillow
le rideau	curtain
la paire	pair
le robinet	tap
le congélateur	freezer
en panne	broken down
essentiel	essential

le meuble	item of furniture
le piano	piano
la cheminée	mantelpiece, chimney
l'horloge (*f*)	clock

HIGHER PRODUCTIVE VOCABULARY

machine, appliance	**l'appareil** (*m*)
whatsit, thingy	**le machin**
iron	**le fer à repasser**
oven	**le four**
dishwasher	**le lave-vaisselle**
alarm clock	**le réveil**
bidet	**le bidet**
bath(tub)	**la baignoire**
facecloth	**le gant de toilette**
tablecloth	**la nappe**
coffee table	**la table basse**
jug	**la carafe**
settee	**le canapé**
cushion	**le coussin**
shelf	**l'étagère** (*f*)
candle	**la bougie**
frying pan	**la poêle**

HIGHER RECEPTIVE VOCABULARY

l'ameublement (*m*)	furnishing
meublé	furnished
le matelas	mattress
le micro-ordinateur	microcomputer
la prise-rasoir	shaver point
le vaisselier	dresser, cupboard

BASIC PHRASES

Can I help with the washing up?	**Est-ce que je peux aider à faire la vaisselle?**
The transistor radio is not working	**Le transistor ne marche pas**
There are several plastic chairs over there	**Il y a plusieurs chaises en plastique là-bas**
I'd like another blanket	**Je voudrais une autre couverture**

HOUSE AND HOME

HIGHER PHRASES

The flat is fully furnished	**L'appartement est entièrement meublé**
Each window has got two shutters	**Chaque fenêtre a deux volets**
What is this thingy called?	**Comment s'appelle ce machin-ci?**
Put the tablecloth on the coffee table	**Mettez la nappe sur la table basse**

What do these phrases from newspaper adverts for furniture mean?

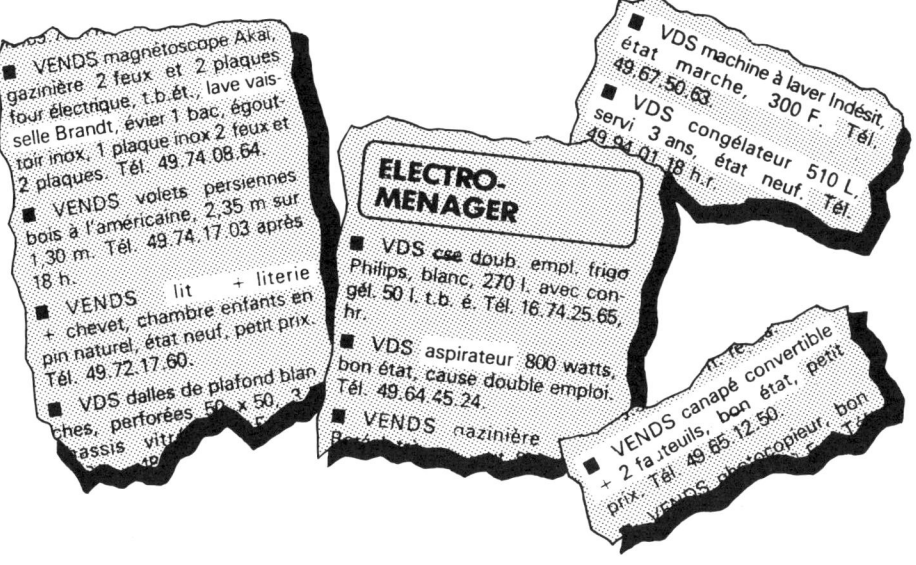

Animals

BASIC PRODUCTIVE VOCABULARY		BASIC RECEPTIVE VOCABULARY	
animal	**l'animal** (*m*)	**l'âne** (*m*)	donkey
pet	**un animal domestique**	**la vache**	cow
		la poule	hen
cat	**le chat**	**la grenouille**	frog
dog	**le chien**	**l'araignée** (*f*)	spider
hamster	**le hamster**		
guinea pig	**le cochon d'Inde**		
rabbit	**le lapin**		
mouse	**la souris**		
tortoise	**la tortue**		
bird	**l'oiseau** (*m*)		
fish	**le poisson**		
horse	**le cheval**		

HOUSE AND HOME

HIGHER PRODUCTIVE VOCABULARY		HIGHER RECEPTIVE VOCABULARY	
lamb	l'agneau *(m)*	le taureau	bull
duck	le canard	le veau	calf
goat	la chèvre	l'oie *(f)*	goose
cockerel	le coq	la perruche	budgerigar
insect	l'insecte *(m)*	la truite	trout
bee	l'abeille *(f)*	l'escargot *(m)*	snail
snake	le serpent	le renard	fox

What do these signs mean?

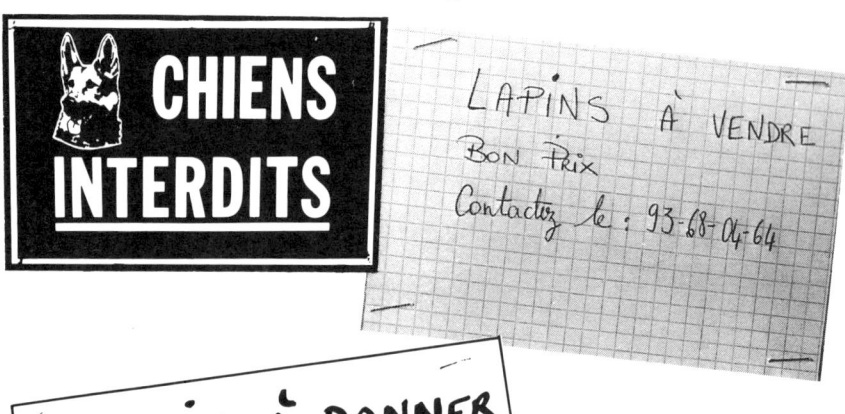

NE DONNEZ PAS DE NOURRITURE AUX PIGEONS
IL EST INTERDIT DE DÉPOSER OU DE JETER
DANS LES ÉDIFICES D'UTILITÉ PUBLIQUE
TOUTES MATIÈRES SUSCEPTIBLES DE LES SALIR
(ORDONNANCE PRÉFECTORALE DU 5-12-62)

3 School

School and the school day

BASIC PRODUCTIVE VOCABULARY

school	l'école (f)	to take an exam	passer un examen
secondary school	le collège	to revise	réviser
sixth-form college	le lycée	to learn	apprendre
classroom	la salle de classe	to know	savoir
staffroom	la salle des professeurs	vocabulary	le vocabulaire
		question	la question
gymnasium	le gymnase	mark	la note
canteen	la cantine	to repeat	répéter
laboratory	le laboratoire	to reply	répondre
office	le bureau	to hope	espérer
library	la bibliothèque		
cloakroom, changing room	le vestiaire	lesson	le cours
		to last	durer
mixed	mixte	to start	commencer
		to finish	finir
to write	écrire	break	la récréation
to read	lire	lunch-hour	l'heure du déjeuner (f)
book	le livre		
exercise book	le cahier	friend	le/la camarade, le copain, la copine
pen	le stylo		
pencil	le crayon	to go with someone	accompagner
paper	le papier	holidays	les vacances (f)
blackboard	le tableau (noir)	absent	absent
		present	présent
headmaster	le directeur	to stay	rester
headmistress	la directrice	to leave	quitter
teacher	le professeur		
pupil	l'élève (m or f)		
work	le travail		
homework	les devoirs (m)		
to explain	expliquer		
uniform	l'uniforme (m)		
strict	sévère		
exam	l'examen (m)		
result	le résultat		

SCHOOL

BASIC RECEPTIVE VOCABULARY

l'enseignement (m)	teaching, education
l'éducation (f)	education, upbringing
étudier	to study
l'étudiant(e)	student
faire des études	to study
obligatoire	compulsory
le bac	A level (approximate equivalent)
affreux (affreuse)	terrible
le bulletin scolaire	school report
le progrès	progress
réussir	to succeed
la faute	error, fault
secondaire	secondary
le CES	comprehensive school
l'université (f)	university
la journée	day
la rentrée	return to school
l'emploi du temps (m)	timetable
l'échange (m)	exchange
la classe	class
l'expérience (f)	experiment

HIGHER PRODUCTIVE VOCABULARY

yard, playground	la cour
holiday	le congé
length	la durée
to cheat	tricher
to fail	échouer
problem	le problème
necessary	nécessaire
training	la formation
intention	l'intention (f)
boarder	le/la pensionnaire
school-lunch taker	le/la demi-pensionnaire

HIGHER RECEPTIVE VOCABULARY

l'atelier (m)	workshop
le brevet	certificate
le certificat	certificate
le diplôme	diploma
traduire	to translate
se taire	to be silent
le trimestre	term

BASIC PHRASES

Lunch-hour starts at a quarter past twelve	**L'heure du déjeuner commence à 12 h 15**
I am in the fourth form	**Je suis en troisième**
You have to arrive at 8.45	**Il faut arriver à 8 h 45**
It's a mixed school	**C'est une école mixte**
We wear a school uniform	**Nous portons un uniforme scolaire**

HIGHER PHRASES

I intend going to university	**J'ai l'intention d'aller à l'université**
We have two weeks' holiday at Christmas	**Nous avons deux semaines de congé à Noël**
Term finishes on the 23rd of July	**Le trimestre finit le 23 juillet**
I stay for lunch	**Je suis demi-pensionnaire**

SCHOOL

School subjects

BASIC PRODUCTIVE VOCABULARY

language	**la langue**
German	**l'allemand** (*m*)
English	**l'anglais** (*m*)
Spanish	**l'espagnol** (*m*)
French	**le français**
science	**les sciences** (*f*)
biology	**la biologie**
chemistry	**la chimie**
physics	**la physique**
maths	**les maths** (*f*)
to calculate	**calculer**
to count	**compter**
computer	**l'ordinateur** (*m*)
history	**l'histoire** (*f*)
geography	**la géo(graphie)**
music	**la musique**
to sing	**chanter**
religion	**la religion**
handicrafts	**les travaux manuels** (*m*)
cookery	**la cuisine**
art	**le dessin**
PE	**l'éducation physique** (*f*)
gymnastics	**la gymnastique**

sport	**le sport**
complicated	**compliqué**
difficult	**difficile**
easy	**facile**
boring	**ennuyeux (ennuyeuse)**
interesting	**intéressant**
poor at	**faible en**
average	**moyen (moyenne)**
good at	**fort en**
subject	**la matière**
to choose	**choisir**
to hate	**détester**

BASIC RECEPTIVE VOCABULARY

le grec	Greek
le latin	Latin
l'italien (*m*)	Italian
le russe	Russian
l'instruction civique (*f*)	'civic' education
les cours commerciaux (*m*)	business studies
l'électronique (*f*)	electronics
l'informatique (*f*)	computer studies
les études ménagères (*f*)	domestic science

BASIC PHRASES

My favourite subject is biology	**Ma matière préférée, c'est la biologie**
I am poor at maths	**Je suis faible en maths**
I find French quite easy	**Je trouve le français assez facile**
I don't have lessons on Saturday	**Je n'ai pas de cours le samedi**

SCHOOL

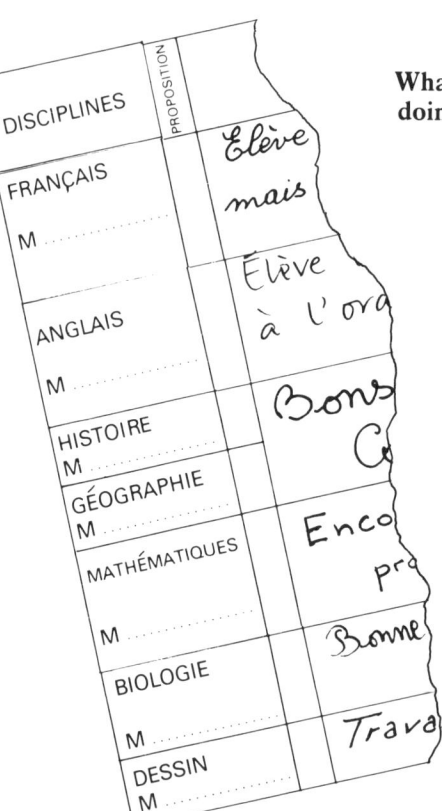

What subjects is this pupil doing at school?

Plans for the future

BASIC PRODUCTIVE VOCABULARY		BASIC RECEPTIVE VOCABULARY	
ambition	l'ambition (f)	la profession	profession
idea	l'idée (f)	le métier	job, career
plan, project	le projet	le chômage	unemployment
to look for	chercher	l'employé(e)	employee
to choose	choisir	le commerce	business
to hope	espérer	l'industrie (f)	industry
		devenir	to become
after	après		
other	autre		
perhaps	peut-être		
that depends	ça dépend		
impossible	impossible		
interesting	intéressant		
paid	payé		

SCHOOL

HIGHER PRODUCTIVE VOCABULARY	HIGHER RECEPTIVE VOCABULARY
salary **le salaire**	**l'avenir** (*m*) future
wage-earner **le salarié,**	**la carrière** career
la salariée	**l'emploi** (*m*) job
temporary **temporaire**	**le syndicat** trade union
permanent **permanent**	
capable **capable**	
to succeed **réussir**	
it is better to **il vaut mieux**	
to advise **conseiller**	
attracted by **attiré par**	

BASIC PHRASES

I would like to work abroad if possible **Je voudrais travailler à l'étranger si possible**
I don't know, that depends **Je ne sais pas, ça dépend**
I'm looking for a well-paid job **Je cherche un emploi bien payé**
I'm going to work for my father **Je vais travailler pour mon père**

HIGHER PHRASES

It's better to wait for the results **Il vaut mieux attendre les résultats**
I'm attracted by a career in the army **Je suis attiré(e) par une carrière dans l'armée**
I haven't any idea **Je n'ai aucune idée**
I've been advised to study sciences **On m'a conseillé d'étudier les sciences**

4 Free time and entertainment

Leisure time and hobbies

BASIC PRODUCTIVE VOCABULARY

free time	le temps libre
hobby	le passe-temps
leisure activities	les loisirs (m)
to like	aimer
to be interested in	s'intéresser à
to enjoy yourself	s'amuser
to get bored	s'ennuyer
sometimes	quelquefois
often	souvent
always	toujours
dance (ball)	le bal
disco, party	la boum
party	la surprise-partie
to dance	danser
record	le disque
record player	l'électrophone (m)
cassette	la cassette
tape recorder	le magnétophone
to listen to	écouter
musical instrument	l'instrument de musique (m)
to play the guitar	jouer de la guitare
collection	la collection
to collect	collectionner
exhibition	l'exposition (f)
to visit	visiter
to go out	sortir
trip	l'excursion (f)
to go for a walk	faire une promenade
bike ride	la promenade à vélo
to take pictures	faire des photos (f)
toy	le jouet
game	le jeu
to play cards	jouer aux cartes (f)
sport	le sport
athletic	sportif (sportive)
member	le membre
club	le club
to read	lire
newspaper	le journal
magazine	le magazine
to watch	regarder
programme	le programme (theatre), l'émission (f) (TV)

BASIC RECEPTIVE VOCABULARY

la distraction	entertainment
la publicité	advertisement
la revue	magazine
se promener	to go for a walk
la soirée	evening (performance)
sauf	except
de temps en temps	from time to time

HIGHER PRODUCTIVE VOCABULARY

to have the time	avoir le temps
festivities	les festivités (f)
to do DIY (model-making, taking bike to bits, etc.)	bricoler

FREE TIME AND ENTERTAINMENT

(HIGHER PRODUCTIVE VOCABULARY)		HIGHER RECEPTIVE VOCABULARY	
reading	la lecture	hebdomadaire	weekly
painting	la peinture	mensuel	monthly
classical	classique	la veille	the day before
pleasure	le plaisir	la petite annonce	advert
popular	populaire		
to play (tennis)	jouer (au tennis)		
	faire (du tennis)		

BASIC PHRASES

I'm a member of a youth club	Je suis membre d'une maison des jeunes
What do you do in your free time?	Que fais-tu pendant ton temps libre?
I play the piano and the flute	Je joue du piano et de la flûte
My favourite hobby is football	Mon passe-temps préféré est le football
I like reading	J'aime lire

HIGHER PHRASES

I've been doing that for a long time	Je fais ça depuis longtemps
I'm not interested in sport	Je ne m'intéresse pas au sport
When I've got the time, I love window-shopping	Quand j'ai le temps, j'adore faire du lèche-vitrines
Soon I hope to learn to dance	Bientôt, j'espère apprendre à danser
When I get bored, I go for a walk	Quand je m'ennuie, je vais me promener

According to these headings taken from the *What's On* section in a French newspaper, what can you see and do?

FREE TIME AND ENTERTAINMENT

Sports

BASIC PRODUCTIVE VOCABULARY

sport	le sport
stadium	le stade
club	le club
team	l'équipe (f)
to win	gagner
to lose	perdre
match	le match
competition	la compétition
bravery	le courage
to run	courir
cricket	le cricket
football	le football
rugby	le rugby
hockey	le hockey
tennis	le tennis
cycling	le cyclisme
bicycle	le vélo
to swim	nager
swimming pool	la piscine
sailing	la voile
fishing	la pêche
gymnastics	la gymnastique
skiing	le ski

BASIC RECEPTIVE VOCABULARY

l'adulte (m or f)	adult
le ballon	(large) ball
le champion, la championne	champion

le championnat	championship
le joueur	player
le résultat	result
le terrain de sport	sports ground
la natation	swimming
se baigner	to bathe, to swim
les sports d'hiver	winter sports
le Tour de France	annual major French bicycle race

HIGHER PRODUCTIVE VOCABULARY

referee	l'arbitre (m)
to criticise	critiquer
to protest	protester
to defend	défendre
to beat	battre
to support	soutenir
draw	le match nul
to play a game of	faire une partie de
equipment	l'équipement (m)
(small) ball	la balle

HIGHER RECEPTIVE VOCABULARY

marquer	to score
le but	goal
participer	to take part
le spectateur	spectator
la piste	ski slope
l'aviron (m)	rowing

BASIC PHRASES

I'm not athletic	Je ne suis pas sportif/sportive
I play football for a team	Je joue au football pour une équipe
I cycle and I go fishing	Je fais du vélo et je vais à la pêche
I watch tennis but I don't play	Je regarde le tennis mais je ne joue pas

FREE TIME AND ENTERTAINMENT

HIGHER PHRASES

Sometimes I play a game of tennis	Quelquefois, je fais une partie de tennis
I don't support any team	Je ne soutiens pas d'équipe
The French are better at rugby than the English	les Français jouent mieux au rugby que les Anglais
I scored two goals in the last match	J'ai marqué deux buts pendant le dernier match

Signs and sports headlines from French newspapers

Automobile — FORMULE 3000 A JEREZ
Roberto Moreno sera l'homme à battre

Christian JAURENA
L'Irlande, vainqueur inattendu d'un favori annoncé
Les Ecossais ont été battus 18 à 22 sur la pelouse irlandaise de Lansdowne Road.

STATIONNEMENT INTERDIT LES DIMANCHES ET LES JOURS FÉRIÉS APRÈS 11H RÉSERVÉ AUX JEUX DE BOULES

BASKET VOLLEY
TENNIS HAND

PISCINE   SALLES
CULTURELLES SPORTIVES

Tennis — TOURNOI DE NICE
Trois Français contre Chesnokov

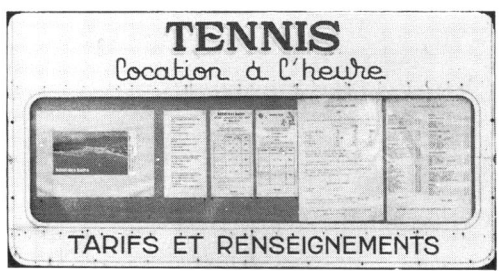
TENNIS
Location à l'heure
TARIFS ET RENSEIGNEMENTS

FREE TIME AND ENTERTAINMENT

Entertainment

BASIC PRODUCTIVE VOCABULARY

zoo	le zoo	to open	ouvrir
circus	le cirque	morning	le matin
wild animal	l'animal sauvage (m)	afternoon performance	la matinée
clown	le clown		
to see	voir	afternoon	l'après-midi (m)
to please	plaire	evening	le soir

BASIC RECEPTIVE VOCABULARY

theatre	le théâtre	la séance	showing, performance
play	la pièce de théâtre		
comedy	la comédie	interdit	forbidden
ticket	le billet, le ticket	la version anglaise	English version
circle (upstairs)	le balcon	l'acteur	actor
stalls (downstairs)	l'orchestre (m)	l'actrice	actress
seat	la place	la vedette	(film) star
to book	réserver	le spectacle	show
to pay (for)	payer	l'opéra (m)	opera
		la chanson	song
concert	le concert		
singer	le chanteur, la chanteuse	la réunion	meeting, rally
		l'entrée (f)	entrance
group	le groupe	l'ambiance (f)	atmosphere
guitar	la guitare	les informations (f)	news
discotheque	la discothèque	nouveau (nouvelle)	new
room, hall	la salle		
youth club	la maison des jeunes	### HIGHER PRODUCTIVE VOCABULARY	
		programme	l'émission (f)
youth (young people in general)	la jeunesse	channel (TV)	la chaîne (de télévision)
		news	les actualités (f)
cinema	le cinéma	cartoon (film)	le dessin animé
love story	le film d'amour	comic strip	la bande dessinée
adventure film	le film d'aventure	serial, 'soap'	le feuilleton
comedy film	le film comique		
horror film	le film d'épouvante	exit	la sortie
spy film	le film d'espionnage	interval, break	l'entracte (m)
		subtitle	le sous-titre
war film	le film de guerre	to make a film	tourner un film
science fiction film	le film de science-fiction	to record	enregistrer
		to appreciate	apprécier
western	le western	to approve	approuver
		to tell, relate	raconter

FREE TIME AND ENTERTAINMENT

HIGHER RECEPTIVE VOCABULARY

l'affiche (f)	poster	le documentaire	documentary
le titre	title	le comédien	actor, comedian
annulé	cancelled	le musicien	musician
l'ouvreuse (f)	usherette	le télé-journal	TV news
le pourboire	tip	dresser un animal	to train an animal
le ballet	ballet		

BASIC PHRASES

I'd like a seat for Crocodile Dundee	Je voudrais une place pour Crocodile Dundee
Is it in French?	C'est en version française?
I'd like to book two seats for the concert on the 4th of June	Je voudrais réserver deux places pour le concert du 4 juin
Do you want to go to the disco with me?	Veux-tu aller à la discothèque avec moi?
I prefer watching detective films	Je préfère regarder les films policiers

HIGHER PHRASES

Does the film have subtitles?	Est-ce que le film a des sous-titres?
Is there a reduction for students?	Y a-t-il une réduction pour les étudiants?
I really liked the atmosphere	J'ai bien apprécié l'ambiance
I don't approve of training animals for a circus	Je suis contre le dressage des animaux pour le cirque
Don't tell me the story of the film!	Ne me raconte pas l'histoire de ce film!

What are these TV programmes?

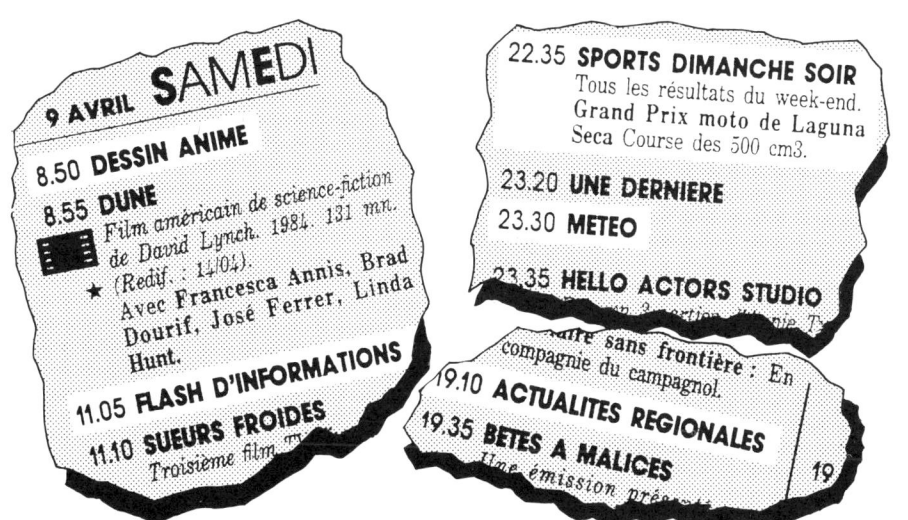

33

FREE TIME AND ENTERTAINMENT

Signs at places of public entertainment

L'accès de l'Etablissement
est **INTERDIT**
aux mineurs de **MOINS DE 16 ANS**
non accompagnés de leur Père,
Mère ou Tuteur.

V.O. = version originale

Describing leisure activities

BASIC PRODUCTIVE VOCABULARY

pleasant	**agréable**	comical	**comique**
good	**bon (bonne)**	bad	**mauvais**
good, well	**bien**	not bad, quite good	**pas mal**
excellent	**excellent**		
great	**chouette, super**	to be right	**avoir raison**
fantastic	**formidable, sensationnel (sensationnelle)**	to be wrong	**avoir tort**
		opinion	**l'avis** (m), **l'opinion** (f)
		to think of something	**penser de**
interesting	**intéressant**		
boring	**ennuyeux (ennuyeuse)**	to find	**trouver**
funny	**amusant**	favourite	**préféré, favori (favorite)**

FREE TIME AND ENTERTAINMENT

BASIC RECEPTIVE VOCABULARY

être d'accord	to agree
affreux (affreuse)	awful
drôle	funny
extraordinaire	fantastic
extrêmement	extremely
tout à fait	quite

HIGHER PRODUCTIVE VOCABULARY

silly	**bête**
ridiculous	**ridicule**
surprising	**étonnant**
exciting	**passionnant**
impressive	**impressionnant**
marvellous	**merveilleux (merveilleuse)**
famous	**célèbre**
rare	**rare**
best	**meilleur**

to criticise	**critiquer**
to protest	**protester**
to regret	**regretter**
better	**mieux**
so much the better!	**tant mieux!**
too bad!	**tant pis!**
worse	**pire**
absolutely	**absolument**
success	**le succès**

HIGHER RECEPTIVE VOCABULARY

moche	lousy, awful
épouvantable	dreadful
surprenant	surprising
déçu	disappointed

BASIC PHRASES

What do you think of this film?	**Que penses-tu de ce film?**
I think it's really good	**À mon avis, c'est formidable**
I think it's funny	**Je trouve que c'est amusant**
I agree	**Je suis d'accord**
You are right, it's no good	**Tu as raison, ce n'est pas bon**

HIGHER PHRASES

How do you find their music?	**Comment trouves-tu leur musique?**
This silly programme is worse than the other one	**Cette émission bête est pire que l'autre**
Well, too bad!	**Eh bien, tant pis!**
It's the best comedy on TV	**C'est la meilleure comédie à la télé**

5 Work

Jobs

BASIC PRODUCTIVE VOCABULARY

farmer	le fermier, la fermière
butcher	le boucher, la bouchère
baker	le boulanger, la boulangère
dentist	le dentiste*
doctor	le médecin*
nurse	l'infirmière (f), l'infirmier (m)
headmaster	le directeur
headmistress	la directrice
teacher	le professeur*
musician	le musicien, la musicienne
secretary	le/la secrétaire
policeman	l'agent de police, le gendarme*
postman, postwoman	le facteur, la factrice
hairdresser	le coiffeur, la coiffeuse
waiter	le garçon, le serveur
housewife	la ménagère

le pompier*	fireman
le/la journaliste	journalist
l'acteur (m)	actor
l'actrice (f)	actress
la femme de chambre	chambermaid
l'épicier (m), l'épicière (f)	grocer
le porteur, la porteuse	porter
le serveur	waiter
la serveuse	waitress
le vendeur, la vendeuse	shop assistant
le vétérinaire*	vet

BASIC RECEPTIVE VOCABULARY

le patron, la patronne	boss
l'employé(e)	employee
le pilote*	pilot
l'hôtesse de l'air (f)	air hostess
le chauffeur*	driver
le mécanicien, la mécanicienne	mechanic
le/la garagiste	garage worker/owner

HIGHER PRODUCTIVE VOCABULARY

boss, cook	le chef*
worker	l'ouvrier (m), l'ouvrière (f)
businessman	l'homme d'affaires
businesswoman	la femme d'affaires
lawyer	l'avocat (m), l'avocate (f)
farmer	l'agriculteur (m)*
gardener	le jardinier, la jardinière
caretaker	le/la concierge
petrol pump attendant	le/la pompiste
shopkeeper	le marchand, la marchande
chemist	le pharmacien, la pharmacienne
usherette	l'ouvreuse (f)
temporary	temporaire
unemployed	au chômage

36

WORK

HIGHER RECEPTIVE VOCABULARY

la profession profession
le commerçant, shopkeeper
la commerçante
le maçon* builder
le technicien, technician
la technicienne

le programmateur, computer
la programmatrice programmer
le conducteur, driver
la conductrice
le chirurgien, surgeon
la chirurgienne
le/la comptable accountant

BASIC PHRASES

My father is a postman Mon père est facteur
What does your mother do for a living? Que fait ta mère dans la vie?
The work is hard but interesting Le travail est dur mais intéressant

HIGHER PHRASES

My ambition is to be a vet Mon ambition est d'être vétérinaire
She works in administration Elle travaille dans l'administration
I hope to become a nurse J'espère devenir infirmier/infirmière

What jobs are being advertised? What jobs are these people looking for?

OFFRES D'EMPLOIS

■ RECHERCHE H., F., vendeur parfum cosmétique, maquillage grande qualité, % motivant, poss. promotion. Tél. 51.51.84.20.

Embauche de suite maçons, région Niort. Tél. 46.59.03.14 ou 49.76.76.05.

Urgent, recherche serveuse restauration avec expérience. Tél. 49.05.50.54, ou Café de la Ville, place du Marché, Saint-Maixent-l'Ecole.

Restaurant le Victor cherche serveur(se), expérience exigée. Se présenter 685, route de Paris, Niort, tél. 49.33.13.70.

Cherche vendeuse bijouterie, expérience demandée. Envoyer C.V. + photo à Havas, n° 5091, B.P. 304, 79009 Niort Cedex.

Recherche esthéticienne

DEMANDES D'EMPLOIS

■ J.F. RECHERCHE emploi heures de ménage, garde enfants ou pers. âgées. Tél. 49.95.11.07.

■ JF. étudiante, BTS secrétaire, trilingue, 1ʳᵉ année, CHER. travail juillet, étudierait ttes prop. Tél. 49.72.18.32 h.r.

Jeune homme recherche place chauffeur poids lourds, permis CL, C, expérience. Ecrire correspondant Nouvelle-République, 79330 Saint-Varent.

Spare-time jobs and pocket money

BASIC PRODUCTIVE VOCABULARY

pocket money	l'argent de poche (m)	a lot	beaucoup
to earn	gagner	too much	trop
pound	la livre (sterling)	how much	combien
to work	travailler		
to deliver papers	distribuer les journaux		

BASIC RECEPTIVE VOCABULARY

le billet de banque	bank note
le carnet de chèques	cheque book
la monnaie	change

to babysit — faire du baby-sitting
to give — donner

to start — commencer
to finish — finir
week — la semaine
evening — le soir
morning — le matin

HIGHER PRODUCTIVE VOCABULARY

to spend	dépenser
to lend	prêter
to borrow	emprunter
to receive	recevoir
extra	supplémentaire
to pay back	rembourser
to deposit	déposer
to owe	devoir
short of money	à court d'argent

bank — la banque
to save up — faire des économies (f)
to pay — payer
to buy — acheter
expensive — cher (chère)
to cost — coûter

to have — avoir
enough — assez

HIGHER RECEPTIVE VOCABULARY

le compte (en banque)	(bank) account

BASIC PHRASES

I earn £2 an hour, that makes £12 a week	Je gagne deux livres de l'heure, ça fait douze livres par semaine
I work four hours on Saturday	Le samedi, je travaille quatre heures
I'm saving up to buy a motorbike	Je fais des économies pour m'acheter une moto
I work as a petrol pump attendant	Je travaille comme pompiste

HIGHER PHRASES

I spend very little money	Je dépense peu d'argent
I get extra money from my grandmother	Je reçois de l'argent supplémentaire de ma grand-mère
I have a bank account	J'ai un compte en banque

6 Travel and transport

Travel to work and to school

BASIC PRODUCTIVE VOCABULARY

transport	le transport	office	le bureau
bus	l'autobus *(m)*	factory	l'usine *(f)*
bicycle	le vélo,	station	la gare
	la bicyclette	underground	la station (de
coach	le car	station	métro)
underground	le métro	work	le travail
car	la voiture		
on foot	à pied	on time	à l'heure
		late	tard, en retard
to go	aller	soon	bientôt
to stop	s'arrêter	distance	la distance
to bring someone	amener quelqu'un	usually	d'habitude
to cross	traverser	slow	lent
to arrive	arriver	quick	rapide
to enter	entrer		
to leave	partir, quitter		

BASIC RECEPTIVE VOCABULARY

to return home	rentrer
to take (of a vehicle)	prendre
to take (time)	mettre
to get on	monter (dans)
to get off	descendre (de)
to travel	voyager
to stay	rester

se mettre en route	to set off
ponctuel	punctual
(ponctuelle)	
pratique	practical
revenir	to come back

HIGHER PRODUCTIVE VOCABULARY

my home	chez moi
school	l'école *(f)*,
	le collège

to hurry	se dépêcher
to be back	être de retour
to hitch-hike	faire de l'autostop
to drop someone off	déposer quelqu'un

BASIC PHRASES

I get the train at 8.15	Je prends le train à 8 h 15
I take ten minutes to get to school	Je mets dix minutes pour aller au collège
Normally I walk	D'habitude, je vais à pied
I go home at about 4 o'clock	Je rentre chez moi vers 4 heures
I leave home with my sister	Je quitte la maison avec ma sœur

TRAVEL AND TRANSPORT

HIGHER PHRASES

I set off at 8 o'clock	Je pars à 8 heures
It's practical, because my mum brings me in the car	C'est pratique, parce que ma mère m'amène en voiture
I can be back at 4 o'clock if I hurry	Je peux être de retour à 4 heures si je me dépêche

Finding the way

BASIC PRODUCTIVE VOCABULARY

station	la gare		behind	derrière
bus station	la gare routière		next to	à côté de
harbour	le port		opposite	en face de
village	le village			
town	la ville		right, OK	alors
square	la place		then	puis, ensuite
beach	la plage		here	ici
			there	là
road	la rue		just	juste
way	la route		for	pour
motorway	l'autoroute (f)		there you are	voilà
metre	le mètre			
kilometre	le kilomètre		to help	aider
centre	le centre		to ask	demander
pedestrian	le piéton, la piétonne		far	loin
			near	tout près
			plan	le plan
direction	la direction		map	la carte
on the right	à droite			
on the left	à gauche			
straight on	tout droit			
to take	prendre			

BASIC RECEPTIVE VOCABULARY

jusqu'à	as far as
au bout de	at the end of
entre	between
proche	near
là-bas	over there

first	premier (première)			
second	deuxième		le centre-ville	town centre
to carry on	continuer		le coin	corner
to turn	tourner		le feu rouge	traffic lights
to go past	passer		le pont	bridge
to go up	monter		la distance	distance
to go down	descendre		défense de	it is forbidden to
before	avant			
after	après			
in front of	devant			

TRAVEL AND TRANSPORT

(BASIC RECEPTIVE VOCABULARY)

toutes directions	all through traffic
traverser	to cross
se trouver	to be situated

HIGHER PRODUCTIVE VOCABULARY

building	**le bâtiment**
place	**le lieu,**
	l'endroit (*m*)
way	**le chemin**
crossroads	**le carrefour**
footpath, pavement	**le trottoir**
exit	**la sortie**
entrance	**l'entrée** (*f*)
municipal	**municipal**
passer-by	**le passant,**
	la passante
area	**la région**

outside	**dehors, hors de**
middle	**le milieu**
along	**le long de**
wide	**large**
narrow	**étroit**
not one	**ne . . . aucun**
immediately	**immédiatement**
forbidden	**interdit**

to approach	**s'approcher de**
destination	**la destination**
to return	**retourner**
to lose your way	**s'égarer**
to notice	**remarquer**

HIGHER RECEPTIVE VOCABULARY

au-dessous	below
au-dessus	above
l'horloge (*f*)	clock
n'importe où	anywhere
quelque part	somewhere
à peine	hardly
le sens unique	one way
le S.I.	tourist information office

Signs

TRAVAUX ROUTE BARRÉE A 300 m

Toutes Directions

PRIERE DE NE PAS STATIONNER SORTIE DE VOITURES

TRAVEL AND TRANSPORT

BASIC PHRASES

How do I get to the beach?	Pour aller à la plage?
How far is it?	C'est à quelle distance?
It is five minutes' walk	C'est à cinq minutes à pied
Carry straight on and it's on your left	Continuez tout droit et c'est sur votre gauche
That's quite all right	Il n'y a pas de quoi

HIGHER PHRASES

There isn't a single shop here!	Il n'y a aucun magasin ici!
Go along this road to the end	Suivez cette rue/route jusqu'au bout
It's outside the town	C'est hors de la ville
I've got lost somewhere!	Je me suis égaré(e) quelque part!

Signs

ZONE BLEUE DISQUE OBLIGATOIRE

SORTIE DE CAMIONS

VOIE PIÉTONNE
STRICTEMENT INTERDIT AUX 2 ROUES

Public transport

BASIC PRODUCTIVE VOCABULARY

information	les renseignements (m)	have a good journey!	bon voyage!
open	ouvert	to leave	quitter
closed	fermé	passport	le passeport
time	l'heure (f)	occasionally	de temps en temps
following	suivant	it is necessary to	il faut
next	prochain	to wait	attendre
to last	durer	waiting room	la salle d'attente
poster	l'affiche (f)	to sit down	s'installer
lost property	les objets trouvés (m)	half	demi
		theft	le vol

42

TRAVEL AND TRANSPORT

(BASIC PRODUCTIVE VOCABULARY)

taxi	**le taxi**
toilets	**les toilettes** (f), **les W.C.** (m)
bus	**l'autobus** (m)
bus station	**la gare routière**
bus stop	**l'arrêt d'autobus** (m)
coach	**le car**
exit	**la sortie**
entrance	**l'entrée** (f)
seat	**la place**
vacant	**libre**
occupied	**occupé**
boat	**le bateau**
ferry	**le ferry**
hovercraft	**l'hovercraft** (m)
slow	**lent**
price list, cost	**le tarif**
to pay (for)	**payer**
extra	**supplémentaire**
to book	**réserver**
to buy	**acheter**
train	**le train**
express (train)	**le rapide**
underground	**le métro**
class	**la classe**
direct	**direct**
platform	**le quai**
porter	**le porteur**
to change	**changer**
ticket	**le billet, le ticket**
book of tickets	**le carnet**
ticket office	**le guichet**
single ticket	**un aller simple**
return ticket	**un aller-retour**
snack bar	**le buffet**
smoker	**le fumeur**
aeroplane	**l'avion** (m)
airport	**l'aéroport** (m)
air hostess	**l'hôtesse de l'air** (f)
flight	**le vol**
to carry	**porter**
luggage	**les bagages** (m)
bag	**le sac**
suitcase	**la valise**

BASIC RECEPTIVE VOCABULARY

le chemin de fer	railway
la voie	track
la ligne	line
l'express (m)	express (train)
la correspondance	connection
la banlieue	suburbs
la consigne	left-luggage office
la consigne automatique	left-luggage locker
les objets trouvés (m)	lost property
composter	to date-stamp
le compartiment	compartment
annoncer	to announce
l'arrivée (f)	arrival
le départ	departure
en provenance de	coming from
l'horaire (m)	timetable
en retard	late
en avance	early
manquer	to miss
assis	seated
debout	standing
embarquer	to board (ship)
débarquer	to disembark
la douane	customs
déclarer	to declare
la réservation	booking
la réduction	reduction
le voyageur, la voyageuse	traveller

43

TRAVEL AND TRANSPORT

HIGHER PRODUCTIVE VOCABULARY

tourist	le/la touriste
people	les gens (m)
luggage trolley	le chariot
to deposit, to put down	déposer
tip	le pourboire
to slow down	ralentir
to stop	s'arrêter
border	la frontière
dining car	le wagon-restaurant
sleeping berth	la couchette
to fly	voler
to land	atterrir
to take off	décoller
hovercraft	l'aéroglisseur (m)
driver	le chauffeur
to consult	consulter
it is forbidden to	il est défendu de
risk	le risque
to knock over	renverser
to pay back money	rembourser

HIGHER RECEPTIVE VOCABULARY

la SNCF	French Railways
la voiture	carriage
l'arrière (m)	back
l'avant (m)	front
enregistrer	to register
le pilote★	pilot
la ceinture de sécurité	safety belt
défense de	it is forbidden to
rouler	to travel, drive
la portière	door (of a vehicle)

Signs and notices

Port
Gare Maritime

NON
FUMEURS

RENSEIGNEMENTS   RESERVATIONS

TRAVEL AND TRANSPORT

BASIC PHRASES

A single to Paris, please   Un aller simple pour Paris, s'il vous plaît
What time does the boat leave?   À quelle heure part le bateau?
This is the coach to Avignon, isn't it?   C'est bien le car pour Avignon?
Is this seat taken?   Cette place est occupée, madame?
Do I have to change?   Est-ce qu'il faut changer?

HIGHER PHRASES

I'm going to drop off my suitcase at the left luggage office   Je vais déposer ma valise à la consigne
I haven't anything to declare   Je n'ai rien à déclarer
Can you give me some information about sleepers?   Pouvez-vous me renseigner sur les couchettes?
Do I have to pay extra?   Faut-il payer un supplément?

Signs and notices

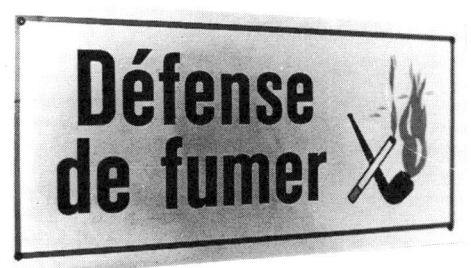

Private transport

BASIC PRODUCTIVE VOCABULARY

car	la voiture	petrol station	la station-service
car park	le parking	petrol pump attendant	le/la pompiste
road map	la carte routière	to fill up with petrol	faire le plein
road, route	la route	4-star petrol	le super
A-road	la route nationale	2-star petrol	l'ordinaire (m)
motorway	l'autoroute (f)	litre	le litre
number	le numéro		

45

TRAVEL AND TRANSPORT

(BASIC PRODUCTIVE VOCABULARY)

oil	l'huile (f)	le deux-temps	two-stroke (engine)
water	l'eau (f)	crevé	flat, burst
to check	vérifier	les W.C. (m)	toilets
air	l'air (m)		
tyre	le pneu	la chaussée	road surface
		les travaux (m)	roadworks
motorbike	la moto	la déviation	diversion
moped	le vélomoteur	la fin	end
helmet	le casque	interdit	forbidden
		obligatoire	compulsory
accident	l'accident (m)	le passage protégé	right of way
serious	grave	la priorité à droite	give way (to traffic from the right)
ambulance	l'ambulance (f)		
police	la police	le virage	bend
policeman	le gendarme	la zone	zone, area
broken down	en panne	payant	not free
to repair	réparer		
garage	le garage	lent	slow
		rapide	fast
		la vitesse	speed, gear
		le poids lourd	heavy goods vehicle
		le camion	lorry

BASIC RECEPTIVE VOCABULARY

conduire	to drive
l'auto-école (f)	driving school
le permis de conduire	driving licence
l'assurance (f)	insurance
freiner	to brake
les freins (m)	brakes
stationner	to park
le stationnement	parking
le péage	tollgate (on motorway)

HIGHER PRODUCTIVE VOCABULARY

to fix a car	dépanner
puncture	la crevaison
battery	la batterie
free	gratuit
engine	le moteur
boot	le coffre
door	la portière
steering wheel	le volant
make	la marque
to overtake	dépasser, doubler
hitch-hiking	l'autostop (m)
to stop	s'arrêter
driver	le chauffeur
traffic jam	l'embouteillage (m)
insured	assuré
documents	les papiers (m)

l'essence (f)	petrol
la panne d'essence	run out of petrol
tomber en panne	to break down
le mécanicien	mechanic
fonctionner	to work
le phare	headlight
le pare-brise	windscreen
le rétroviseur	rear-view mirror
le siège	seat
le gas-oil	diesel
le scooter	scooter

TRAVEL AND TRANSPORT

(HIGHER PRODUCTIVE VOCABULARY)	HIGHER RECEPTIVE VOCABULARY
crash **la collision**	**l'amende** (*f*) fine
dangerous **dangereux**	**la ceinture de** seat belt
(**dangereuse**)	**sécurité**
to run over **écraser**	**le lavage** (car) wash
highway code **le code de la route**	**la pression** pressure
to risk **risquer**	**ralentir** to slow down
to hire **louer**	

BASIC PHRASES

Fill it up please! **Faites le plein, s'il vous plâit!**
Is there a petrol station near here? **Y a-t-il une station-service près d'ici?**
Could you check the tyres? **Pouvez-vous vérifier les pneus?**
I've broken down **Je suis en panne**
Forty litres of 4-star **Quarante litres de super**

HIGHER PHRASES

He collided with a lorry **Il est entré en collision avec un camion**
Where can you rent a car? **Où peut-on louer une voiture?**
Do you have to pay a fine? **Faut-il payer une amende?**
Here are all my papers **Voici tous mes papiers**
What speed can you do here? **À quelle vitesse peut-on rouler ici?**

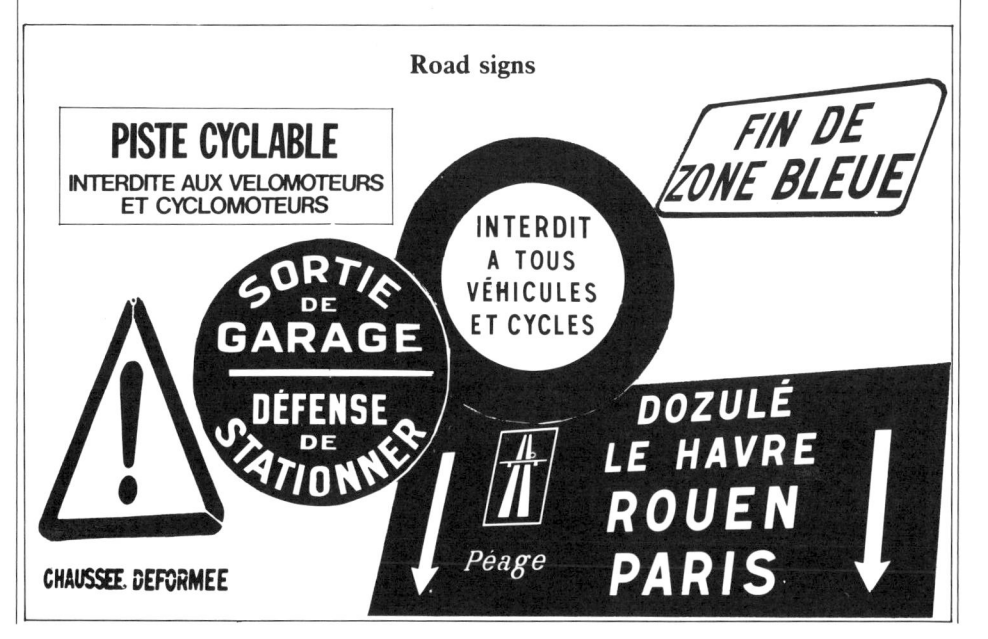

Road signs

PISTE CYCLABLE
INTERDITE AUX VELOMOTEURS ET CYCLOMOTEURS

FIN DE ZONE BLEUE

SORTIE DE GARAGE
DÉFENSE DE STATIONNER

INTERDIT A TOUS VÉHICULES ET CYCLES

DOZULÉ
LE HAVRE
ROUEN
PARIS

Péage

CHAUSSÉE DEFORMEE

7 Holidays

General description

BASIC PRODUCTIVE VOCABULARY

holidays	les vacances (f)	week	la semaine
to go on holiday	partir en vacances	month	le mois
holiday centre	le centre de vacances	last	dernier (dernière)
Easter	Pâques	next	prochain
Christmas	Noël	time, occasion	la fois
winter sports	les sports d'hiver (m)	in the countryside	à la campagne
ski slope	la piste	to go camping	faire du camping
abroad	à l'étranger (m)	in the open air	en plein air
		picnic	le pique-nique
		pleasant	agréable
world	le monde	walk	la promenade
country	le pays	already	déjà
area	la région	usually	d'habitude
journey	le voyage		
to travel	voyager	tourist information office	le syndicat d'initiative
school visit	la visite scolaire	brochure	la brochure
group	le groupe	information	les renseignements (m)
trip	l'excursion (f)		
traveller's cheque	le chèque de voyage	plan	le plan
		list	la liste
by the seaside	au bord de la mer	interesting	intéressant
beach	la plage	to know	connaître
to bathe	se baigner	guide	le guide
to swim	nager	camera	l'appareil-photo (m)
boat	le bateau	photo	la photo
to enjoy yourself	s'amuser		
sunshade	le parasol		
suntan cream	la crème solaire		

BASIC RECEPTIVE VOCABULARY

les grandes vacances	summer holidays
l'agence de voyages (f)	travel agent's
le/la touriste	tourist
le bureau de tourisme	tourist office
le séjour	stay

hotel	l'hôtel (m)
to put up at a hotel	descendre dans un hôtel
to cost	coûter
to stay	rester
to spend (time)	passer
weekend	le week-end

HOLIDAYS

(BASIC RECEPTIVE VOCABULARY)

quinze jours	fortnight
tout le monde	everybody
se mettre en route	to set off
se détendre	to relax
la distraction	entertainment
bronzer	to sunbathe
la montagne	mountain
louer	to hire, rent

HIGHER PRODUCTIVE VOCABULARY

tourism	le tourisme
vacation	le congé
festivities	les festivités (f)
brochure	le dépliant
historical	historique
place	l'endroit (m)
to take place	avoir lieu
film (for camera)	la pellicule
deck chair	la chaise longue
lots of people	beaucoup de monde
to go off, away	s'en aller
to remember	se souvenir de
to forget	oublier
river	le fleuve
summer course	le cours d'été
welcoming	accueillant

HIGHER RECEPTIVE VOCABULARY

l'affiche (f)	poster
le spectacle son et lumière	show with lights and music
pittoresque	picturesque
la marée basse	low tide
la marée haute	high tide
la ceinture de sauvetage	life belt
se noyer	to drown
ramer	to row

Signs

SITES ET MONUMENTS HISTORIQUES
←
CHÂTEAU ROYAL
XVIe Siècle

PIQUE NIQUE INTERDIT SUR LA PLAGE !

CHATEAU D'USSÉ
XVe XVIe XVIIe SIÈCLES
OUVERT au PUBLIC
du 15. MARS au 1er NOV.

PLAGE
Location de parasols, matelas et chaises-longues
Cabines, pédalos, voiliers et planches
Leçons de natation _ Ecole de Voile

SENS DE LA VISITE →

HOLIDAYS

BASIC PHRASES

This year I am going on holiday to Spain	Cette année, je vais en vacances en Espagne
I love the sea and swimming	J'adore la mer et la natation
I have not been to France	Je n'ai pas visité la France
Usually we stay in a hotel	D'habitude, nous descendons à l'hôtel
Have you had a good holiday?	Avez-vous passé de bonnes vacances?

HIGHER PHRASES

What amusements are there in the area?	Quelles distractions y a-t-il dans la région?
When will the show take place?	Quand est-ce que le spectacle aura lieu?
I prefer to relax during my holidays	Je préfère me détendre pendant les vacances
My parents are more interested in culture	Mes parents s'intéressent plutôt à la culture
I don't remember my first visit	Je ne me souviens pas de ma première visite

Hotel accommodation

BASIC PRODUCTIVE VOCABULARY

hotel	l'hôtel (m)		to leave	partir
room	la chambre		to thank	remercier
number	le numéro		bill	la note
shower	la douche		cheque	le chèque
to have a bath	prendre un bain		to pay (for)	payer
bathroom	la salle de bain		price	le prix
board and lodgings	la pension		included	compris
bed	le lit		not included	non compris
to park	stationner		expensive	cher (chère)
to book	réserver		comfortable	confortable
to write	écrire		modern	moderne
night	la nuit		with	avec
day	le jour		without	sans
week	la semaine		something	quelque chose
date	la date		other (i.e. different)	autre
free	libre		for	pour
full	plein		plus	plus
occupied, engaged	occupé			
to be sorry	regretter		hospitality	l'hospitalité (f)
to arrive	arriver		manager	le directeur

HOLIDAYS

(BASIC PRODUCTIVE VOCABULARY)

manageress	la directrice
boss	le patron, la patronne
chambermaid	la femme de chambre
waiter	le garçon, le serveur
waitress	la serveuse
person	la personne
alone	seul
restaurant	le restaurant
breakfast	le petit déjeuner
lunch	le déjeuner
dinner	le dîner
to have a meal	prendre un repas
floor	l'étage (m)
ground floor	le rez-de-chaussée
stairs	l'escalier (m)
lift	l'ascenseur (m)
luggage	les bagages (m)
suitcase	la valise
key	la clé/clef
passport	le passeport
telephone	le téléphone
television	la télévision

BASIC RECEPTIVE VOCABULARY

l'entrée (f)	entrance
la porte d'entrée	way in
tirez!	pull!
poussez!	push!
la réception	reception
le/la réceptionniste	receptionist
la sortie	exit
la sortie de secours	emergency exit
le sous-sol	basement
les WC (m)	toilets
la vue	view
les arrhes (f)	deposit
le supplément	extra charge
la fiche	form
remplir	to fill in
complet	full
disponible	available
privé	private
servi	served
revenir	to come back
seulement	only

HIGHER PRODUCTIVE VOCABULARY

to criticise	critiquer
to complain	se plaindre
noise	le bruit
noisy	bruyant
to appreciate	apprécier, bien vouloir
satisfied	satisfait
to replace	remplacer
OK	d'accord
bed and breakfast and evening meal	la demi-pension
to serve	servir
to send	envoyer
reply	la réponse
receipt	le reçu
detail	le détail
list	la liste
to show	indiquer

HIGHER RECEPTIVE VOCABULARY

le Michelin rouge	a hotel guidebook
grand confort	luxury (of a hotel)
de grand luxe	luxury (of a hotel)
le prix maximum	maximum price
le prix minimum	minimum price
inclus	included
l'accueil (m)	welcome, reception desk
déranger	to disturb
l'incendie (m)	fire
appuyer	to press
le bouton	button

HOLIDAYS

BASIC PHRASES

Have you got any rooms free?	**Avez-vous des chambres libres?**
Is breakfast included?	**Le petit déjeuner est compris?**
Is there a car park?	**Y a-t-il un parking?**
It is for three people for two days	**C'est pour trois personnes pendant deux jours**
At what time do you serve dinner?	**À quelle heure servez-vous le dîner?**

HIGHER PHRASES

That does not suit me	**Ça ne me convient pas**
Haven't you got a room with a shower?	**Vous n'avez pas de chambre avec douche?**
Could I book a room for tomorrow?	**Pourrais-je réserver une chambre pour demain?**
The lamp in room four isn't working	**La lampe ne marche pas dans la chambre numéro quatre**
I would appreciate another blanket	**Je voudrais bien une autre couverture**

Signs

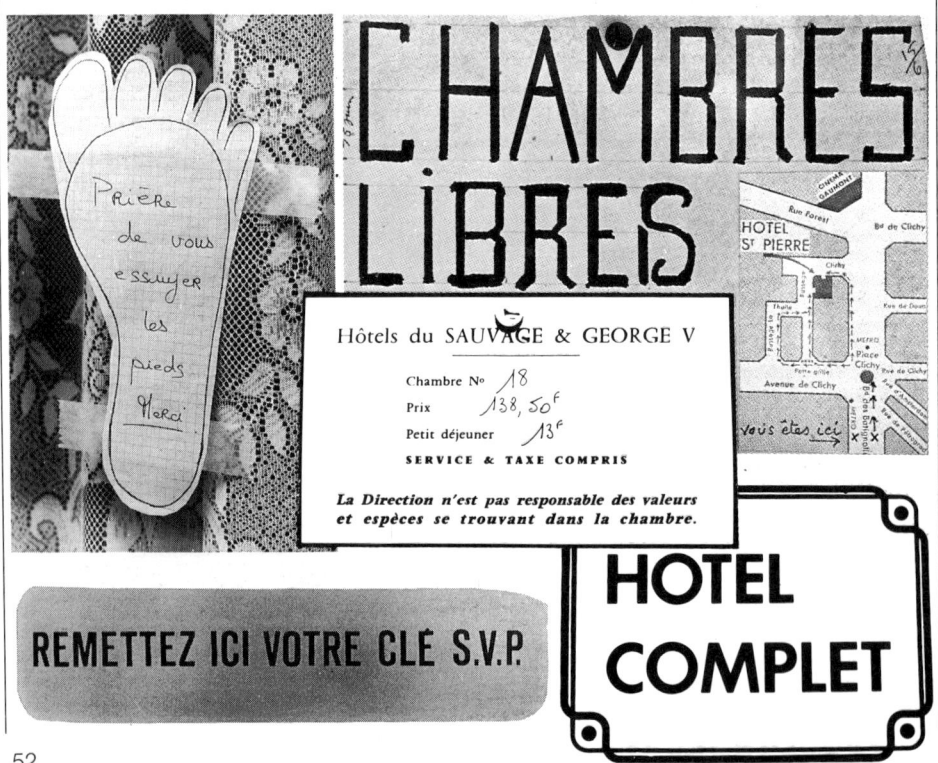

CHAMBRES LIBRES

PRIÈRe de vous essuyer les pieds Merci

Hôtels du SAUVAGE & GEORGE V
Chambre N° 18
Prix 138,50ᶠ
Petit déjeuner 13ᶠ
SERVICE & TAXE COMPRIS

La Direction n'est pas responsable des valeurs et espèces se trouvant dans la chambre.

HOTEL ST PIERRE

vous êtes ici

REMETTEZ ICI VOTRE CLÉ S.V.P.

HOTEL COMPLET

Camping

BASIC PRODUCTIVE VOCABULARY

camp site	**le camping**
to go camping	**faire du camping**
campbed	**le lit de camp**
campfire	**le feu de camp**
to camp	**camper**
tent	**la tente**
to put up a tent	**monter une tente**
caravan	**la caravane**
vehicle	**le véhicule**
to pay (for)	**payer**
to cost	**coûter**
person	**la personne**
booklet	**le carnet**
card	**la carte**
over there	**là-bas**
simply	**simplement**
game	**le jeu**
to look for	**chercher**
torch	**la lampe électrique**
battery	**la pile**
lit-up	**éclairé**
tree	**l'arbre** *(m)*
shade	**l'ombre** *(f)*
to wash	**laver**
washbasin	**le lavabo**
bowl	**le bol**
plate	**l'assiette** *(f)*
knife	**le couteau**
fork	**la fourchette**
spoon	**la cuillère**
clean	**propre**
dirty	**sale**
dustbin	**la poubelle**
gas cooker	**la cuisinière à gaz**
match	**l'allumette** *(f)*
hot	**chaud**
cold	**froid**
cooked meals	**les plats cuisinés** *(m)*

Signs

BACS A LINGE

EAU
NON POTABLE

OBJETS TROUVÉS

PAPIERS
S.V.P.

HOLIDAYS

(BASIC PRODUCTIVE VOCABULARY)

tinned food	**les boîtes de conserve** (*f*)	**l'eau potable** (*f*) **à emporter**	drinking water to take away
tin opener	**l'ouvre-boîte** (*m*)	**débarrasser**	to clear away
corkscrew	**le tire-bouchon**	**le supplément**	extra charge
ice cream	**la glace**		

HIGHER PRODUCTIVE VOCABULARY

camping equipment	**le matériel de camping**
to fold	**plier**
packed tightly together	**serré**
washing (*i.e. clothes*)	**la lessive**

BASIC RECEPTIVE VOCABULARY

le terrain de camping	camp site
municipal	belonging to the town, municipal
le gardien	warden
gardé	supervised
surveiller	to watch over
l'emplacement (*m*)	pitch, site
le campeur, la campeuse	camper
l'adulte (*m* or *f*)	adult
le bac à vaisselle	washing-up sink
le bloc sanitaire	washrooms
le dépôt de butane	calor gas shop
la laverie	launderette, laundry

HIGHER RECEPTIVE VOCABULARY

les installations sanitaires (*f*)	washing facilities
aménagé	fitted out, equipped
la prise de courant	electric socket
le rasoir	razor
à proximité	nearby
le matelas pneumatique	airbed

BASIC PHRASES

Have you any space for a tent?	**Avez-vous de la place pour une tente?**
We want to stay for five days	**Nous voulons rester cinq jours**
Where can we find some drinking water?	**Où peut-on trouver de l'eau potable?**
How much is it per person?	**C'est combien par personne?**
Is the site well-equipped?	**Est-ce que le camping est bien équipé?**

HIGHER PHRASES

Do you have to pay extra for that?	**Faut-il payer un supplément pour ça?**
Is the site supervised at night?	**Est-ce que le camping est gardé la nuit?**
Can you light a fire on the pitches?	**Peut-on faire du feu sur les emplacements?**
I'd prefer a pitch in the shade	**Je préférerais un emplacement à l'ombre**
I am not satisfied with the state of the showers	**La propreté des douches laisse à désirer**

HOLIDAYS

Youth hostel

BASIC PRODUCTIVE VOCABULARY

youth hostel	l'auberge de jeunesse (f)	la bienvenue	welcome
bed	le lit	interdit	forbidden
to sleep	dormir	obligatoire	compulsory
office	le bureau	sauf	except
to cost	coûter	le tarif	price list
how much	combien	louer	to hire
per night	par nuit	le séjour	stay
		le visiteur	visitor
boy	le garçon		
girl	la fille		
dinner	le dîner	### HIGHER PRODUCTIVE VOCABULARY	
meal	le repas	bedding	le linge
hot water	l'eau chaude (f)	blanket	la couverture
all year round	toute l'année	foodstuffs	les provisions (f)
		to put away	ranger
### BASIC RECEPTIVE VOCABULARY		to sweep	balayer
le dortoir	dormitory	forbidden	défendu
le drap	sheet	rules	le règlement
la paire de	pair of	responsible	responsable
le sac de couchage	sleeping bag	to thank	remercier
le silence	silence	membership card	la carte d'adhérent

Signs

S'adresser à la réception.

Ouvert toute l'année

BASIC PHRASES

I have booked two beds for tonight	J'ai réservé deux lits pour ce soir
Where can you get something to eat?	Où est-ce qu'on peut manger?
At what time does the youth hostel shut?	À quelle heure est-ce que l'auberge est fermée?
How much does a shower cost?	C'est combien pour une douche?
Is there a supermarket around here?	Y a-t-il un supermarché près d'ici?

HOLIDAYS

HIGHER PHRASES

I'd like to hire some sleeping bags	Je voudrais louer des sacs de couchage
What do I have to do before leaving?	Qu'est-ce qu'il faut faire avant de partir?
Is smoking not allowed?	Est-ce qu'il est défendu de fumer?
There isn't any hot water	Il n'y a pas d'eau chaude
Where can I keep my money?	Où est-ce que je peux laisser mon argent?

Holiday home

BASIC PRODUCTIVE VOCABULARY

holiday home	le gîte
old	vieux (vieille)
barn	la grange
elsewhere	ailleurs
price	le prix
to write a letter	écrire une lettre
fishing	la pêche
to pick fruit	cueillir des fruits (m)

BASIC RECEPTIVE VOCABULARY

le terrain	plot of land
l'agriculture (f)	agriculture
le bâtiment	building
faire la récolte	to harvest
le département	county (approximately)

HIGHER PRODUCTIVE VOCABULARY

to grow	cultiver
harvest	la vendange
vineyard	le vignoble
winegrower	le vigneron★
hunting	la chasse
to complain	se plaindre
complaint	la réclamation
in good condition	en bon état
in bad condition	en mauvais état
to improve	améliorer
to lose	égarer
out of season	hors saison
set of buildings	l'ensemble de bâtiments (m)

HIGHER RECEPTIVE VOCABULARY

aménager	to fit out, convert
provisoire	provisional

BASIC PHRASES

Where must I leave the key?	Où faut-il laisser la clef?
Is it an old holiday home in the country?	C'est un vieux gîte rural?
When will the holiday home be free?	Quand est-ce que le gîte sera libre?
I shall write to confirm	Je vais écrire pour confirmer
Can you go fishing around here?	Peut-on aller à la pêche près d'ici?

HOLIDAYS

HIGHER PHRASES

The bathroom is in poor shape	**La salle de bain est en mauvais état**
Is it cheaper out of season?	**Est-ce que c'est moins cher hors saison?**
To whom do I complain?	**À qui faut-il se plaindre?**
Can one book the holiday home provisionally?	**Peut-on réserver le gîte provisoirement?**
I would like to come back next year	**Je voudrais bien revenir l'année prochaine**

8 Food and drink

Items of food and drink

BASIC PRODUCTIVE VOCABULARY

meat	la viande	beer	la bière
beef	le bœuf	coffee	le café
ham	le jambon	white coffee	le café crème
pork	le porc	coke	le coca-cola
steak	le steak	(mineral) water	l'eau (minérale) (f)
sausage	la saucisse	fruit juice	le jus de fruit
dry sausage	le saucisson	milk	le lait
chicken	le poulet	lemonade	la limonade
fish	le poisson	tea	le thé
pâté	le pâté	wine	le vin
fruit	le fruit	meal	le repas
banana	la banane	breakfast	le petit déjeuner
strawberry	la fraise	lunch	le déjeuner
melon	le melon	dinner	le dîner
orange	l'orange (f)	picnic	le pique-nique
peach	la pêche	to be hungry	avoir faim
pear	la poire	to be thirsty	avoir soif
apple	la pomme	to eat	manger
		to eat lunch	prendre le déjeuner
vegetable	le légume		
carrot	la carotte	hot	chaud
mushroom	le champignon	cold	froid
cabbage	le chou		
cauliflower	le chou-fleur		
green bean	le haricot vert	sweet, dessert	le dessert
lettuce	la laitue, la salade verte	cake	le gâteau
		biscuit	le biscuit
onion	l'oignon (m)	cheese	le fromage
peas	les petits pois (m)	ice cream	la glace
potato	la pomme de terre	tart, flan	la tarte
rice	le riz	yoghurt	le yaourt
tomato	la tomate		
		bread	le pain
drink	la boisson	French stick	la baguette
to drink	boire	croissant	le croissant

FOOD AND DRINK

(BASIC PRODUCTIVE VOCABULARY)

butter	le beurre
jam	la confiture
chocolate	le chocolat
sweet	le bonbon
sugar	le sucre
toasted ham sandwich	le croque-monsieur
sandwich	le sandwich
chips	les frites (f)
egg	l'œuf (m)
omelette	l'omelette (f)
quiche	la quiche
soup	le potage, la soupe
selection of cold meats	l'assiette anglaise (f)
salt	le sel
pepper	le poivre
salad	la salade
to prefer	préférer
to love	adorer
to hate	détester
delicious	délicieux (délicieuse)
bad	mauvais
like	comme
a kind of	une sorte de
to get ready	préparer
home-made	maison

BASIC RECEPTIVE VOCABULARY

le bifteck	steak
le canard	duck
le rôti	roast
le veau	veal
l'huître (f)	oyster
les fruits de mer (m)	seafood
la truite	trout
l'abricot (m)	apricot
l'ananas (m)	pineapple

la cerise	cherry
le citron	lemon
le citron pressé	lemon juice drink
la framboise	raspberry
le raisin	grapes
le cidre	cider
la crêpe	pancake
les crudités (f)	raw salad vegetables
le morceau	piece
la tranche	slice
le parfum	flavour
la vanille	vanilla
la pâtisserie	pastry, cake

HIGHER PRODUCTIVE VOCABULARY

lamb	l'agneau (m)
mutton	le mouton
sardine	la sardine
crab	le crabe
chop	la côte
aperitif	l'apéritif (m)
fizzy orange drink	l'Orangina (m)
crisps	les chips (m)
slice of bread and butter	la tartine
half	la moitié

HIGHER RECEPTIVE VOCABULARY

sucré	sweetened
doux (douce)	sweet, soft
salé	salted
piquant	spicy
le goût	taste
appétissant	appetising
la terrine	kind of pâté
le lapin	rabbit
la mayonnaise	mayonnaise
la groseille	redcurrant
la noix	nut

FOOD AND DRINK

Restaurants and cafés

BASIC PRODUCTIVE VOCABULARY

restaurant	le restaurant	plate	l'assiette (f)
café	le café	cup	la tasse
boss, owner	le patron, la patronne	saucer	la soucoupe
		glass	le verre
waiter	le garçon	knife	le couteau
person	la personne	fork	la fourchette
to book	réserver	spoon	la cuiller, la cuillère
free (i.e. unoccupied)	libre	tray	le plateau
telephone	le téléphone	coffee pot	la cafetière
toilet	les toilettes (f) les WC (m)		

BASIC RECEPTIVE VOCABULARY

cheers!	à votre santé!	à point	medium rare (of meat)
enjoy the meal!	bon appétit!	saignant	rare (of meat)
well done (of food)	bien cuit	léger (légère)	light
please	s'il vous plaît	lourd	heavy
thank you	merci	désirer	to wish
to recommend	recommander	servir	to serve
good	bon (bonne)	la spécialité de la maison	speciality of the restaurant
bad	mauvais		
more	encore	l'odeur (f)	smell
enough	assez	le bar	bar
a lot	beaucoup	en sus	extra
a little	peu	l'entrée (f)	first course
		le hors-d'œuvre	starter

menu	le menu, la carte
service	le service
included	compris
bill	l'addition (f)
tip	le pourboire
to cost	coûter

HIGHER PRODUCTIVE VOCABULARY

to appreciate	apprécier
congratulations	félicitations (f)
compliment	le compliment
entirely	entièrement
satisfied	satisfait

bottle	la bouteille
half	demi
quarter	quart
to choose	choisir
meal (of the day)	le plat (du jour)
meal	le repas
to miss, be missing	manquer
to clean	nettoyer

I don't mind	ça m'est égal
mistake	l'erreur (f)
to complain	se plaindre
to object	protester
to insult	insulter
to get angry	se mettre en colère
bring	apporter

FOOD AND DRINK

(HIGHER PRODUCTIVE VOCABULARY)		HIGHER RECEPTIVE VOCABULARY	
to order	**commander**	**le couvert**	cover charge
to want	**avoir envie de**	**le supplément**	extra charge
carafe, jug	**la carafe**	**le choix**	choice
wine list	**la carte des vins**	**varié**	varied
to offer	**offrir**	**la pression**	draught *(of beer)*
waiter	**le serveur**	**l'apéritif** *(m)*	aperitif
waitress	**la serveuse**	**ça suffit**	that is enough
all inclusive price	**le prix net**		

BASIC PHRASES

Have you got a table for four? **Avez-vous une table pour quatre personnes?**
Cheers, and enjoy the meal! **À votre santé, et bon appétit!**
I'd like the menu, please **Je voudrais le menu, s'il vous plaît**
There is a knife missing **Il manque un couteau**
Is the service charge included? **Est-ce que le service est compris?**
What do you want to drink? **Qu'est-ce que vous voulez comme boisson?**

What do these restaurant signs or phrases mean?

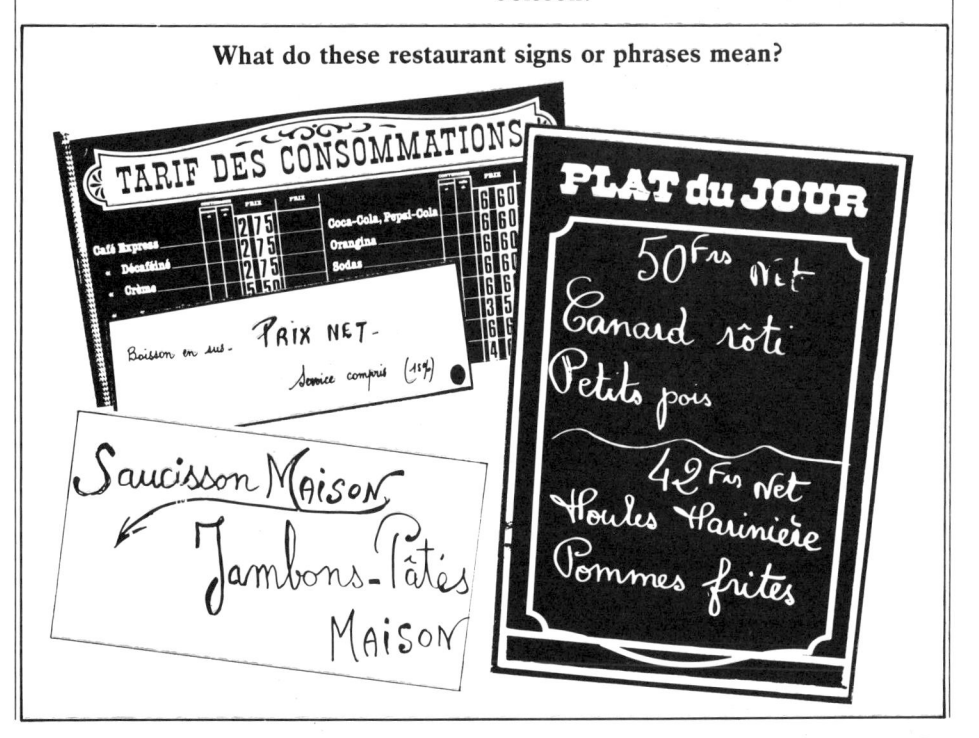

TARIF DES CONSOMMATIONS

	PRIX	PRIX		
Café Express	2175		Coca-Cola, Pepsi-Cola	6 60
Décaféiné	2175		Orangina	6 60
Crème	2175		Sodas	6 60
	15 50			6 60
				13 5
				6 6
				4 0

Boisson en sus – PRIX NET –
Service compris (15%)

Saucisson Maison
Jambons-Pâtés Maison

PLAT du JOUR
50 Frs Net
Canard rôti
Petits pois

42 Frs Net
Moules Marinière
Pommes frites

FOOD AND DRINK

BASIC PHRASES continued

I'd like a lemon juice drink	Je voudrais un citron pressé
Is pâté a kind of meat?	Le pâté, c'est une sorte de viande?
I'll have a strawberry ice cream	Je prends une glace à la fraise
I love chocolate biscuits	J'adore les biscuits au chocolat

HIGHER PHRASES

Is there a choice of vegetables?	Y a-t-il un choix de légumes?
I'll have the 80 francs set menu	Je prends le menu à 80 francs
I'd like my steak medium rare	Je voudrais mon steak à point
Could you explain what this is?	Pourriez-vous expliquer ce que c'est?
I didn't order a carafe of wine	Je n'ai pas commandé une carafe de vin
That's too much, half is enough!	C'est trop, la moitié suffit!
Pass the pepper, please	Passez-moi le poivre, s'il vous plaît
That smells so appetising!	Ça sent tellement bon!

What items are on offer?

9 Shopping

Food

BASIC PRODUCTIVE VOCABULARY

shop	le magasin	bag	le sac
baker's	la boulangerie	to serve	servir
cake shop	la pâtisserie	bottle	la bouteille
butcher's	la boucherie	jar	le pot
delicatessen	la charcuterie	box, tin	la boîte
grocer's	l'épicerie (f)	packet	le paquet
greengrocer's	le marchand de fruits	litre	le litre
market	le marché	kilo	le kilo
supermarket	le supermarché	gramme	le gramme
department store	le grand magasin	that's fine	ça va
chemist's	la pharmacie	different	différent
tobacconist's	le bureau de tabac	other	autre
closed	fermé	expensive	cher (chère)
open	ouvert	free	gratuit
		all	tout
money	l'argent (m)	half	demi
to accept	accepter	more	plus
cheque	le chèque	less	moins
cheque book	le carnet de chèques	many	beaucoup
bank note	le billet de banque	too many	trop
coin	la pièce	quite all right	de rien
to buy	acheter	sort, kind	la sorte
to sell	vendre	quality	la qualité
to cost	coûter	which	quel (quelle)
franc	le franc	thing	la chose
centime	le centime	to thank	remercier
pound	la livre		
to pay (for)	payer	present	le cadeau
price	le prix	souvenir	le souvenir
		postcard	la carte postale
customer	le client, la cliente	record	le disque
sales assistant	le vendeur, la vendeuse	perfume	le parfum
		pen	le stylo
		pencil	le crayon
		magazine	le magazine
to queue up	faire la queue	newspaper	le journal
to do the shopping	faire les courses (f)	envelope	l'enveloppe (f)
list	la liste	match	l'allumette (f)

SHOPPING

BASIC RECEPTIVE VOCABULARY

la boutique	shop
l'alimentation générale (f)	general foodstore
le centre commercial	shopping centre
l'hypermarché (m)	hypermarket
la crémerie	dairy produce shop
la parfumerie	perfume shop
la poissonnerie	fishmonger's
un jour férié	bank holiday
le libre-service	self-service
la caisse	till, cash register
juste	exact, just right
la monnaie	change
bon marché	cheap
la solde	sale
la réduction	reduction
le rayon	shelf
le sous-sol	basement
le rez-de-chaussée	ground floor
le premier étage	first floor
la douzaine	dozen
le mètre	metre
le morceau	piece
la tranche	slice
peser	to weigh
le poids	weight
avec ça?	anything else?
le choix	choice
désirer	to want
montrer	to show
à partir de 10F	from 10 francs
plusieurs	several
quoi	what
sauf	except

HIGHER PRODUCTIVE VOCABULARY

confectioner's	la confiserie
bookshop	la librairie
to complain	se plaindre
to refund money	rembourser
to exchange	échanger
basket	le panier
trolley	le chariot
to do the shopping	faire les achats (m)
shop window	la vitrine
to window-shop	faire du lèche-vitrines
shopkeeper	le commerçant, la commerçante
thief	le voleur
whole	entier (entière)
half	la moitié
foodstuffs	les provisions (f)
fresh	frais (fraîche)
ripe	mûr
which one	lequel (laquelle)
to offer	offrir

HIGHER RECEPTIVE VOCABULARY

le comptoir	counter
le gérant	manager
le maquillage	make-up
la promotion	special offer
la réclamation	complaint
le jouet	toy
le papier à lettres	writing paper

SHOPPING

BASIC PHRASES

I'd like that, please	**Je voudrais ça, s'il vous plaît**
How much are the records?	**C'est combien, les disques?**
Have you got any postcards?	**Avez-vous des cartes postales?**
I prefer the smaller one	**Je préfère le plus petit/la plus petite**
How much do I owe you?	**Je vous dois combien?**

HIGHER PHRASES

What kind of newspapers have you got?	**Qu'est-ce que vous avez comme journaux?**
It is a present (*i.e. please gift wrap it*)	**C'est pour offrir**
Haven't you got anything cheaper?	**Vous n'avez rien de moins cher?**
I need a melon as well	**Il me faut aussi un melon**
Have you got the same thing in blue?	**Vous avez la même chose en bleu?**

What do these signs commonly found in shops mean?

PAR ARRÊTÉ PRÉFECTORAL
LES CHIENS NE SONT PAS ADMIS DANS LES MAGASINS D'ALIMENTATION

OUVERT DE ... À ... ET DE ... À ...
FERMÉ LE DIMANCHE

FERMÉ LE SAMEDI APRÈS-MIDI ET LE DIMANCHE

65

SHOPPING

Clothes and items for personal use

BASIC PRODUCTIVE VOCABULARY

clothes	les vêtements (m)	pyjamas	le pyjama
size	la taille	dressing-gown	la robe de chambre
to try on	essayer		
to put on	mettre		
to wear	porter	comb	le peigne
short	court	toothbrush	la brosse à dents
long	long (longue)	toothpaste	le dentifrice
		shampoo	le shampooing
coat	le manteau	soap	le savon
raincoat	l'imperméable (m)	towel	la serviette
anorak	l'anorak (m)	handbag	le sac à main
umbrella	le parapluie	handkerchief	le mouchoir
hat	le chapeau	rucksack	le sac à dos
scarf	l'écharpe (f)	apron	le tablier
glove	le gant		
woolly hat	le bonnet		

BASIC RECEPTIVE VOCABULARY

trousers	le pantalon	le coton	cotton
jeans	le jean	la laine	wool
skirt	la jupe	le nylon	nylon
dress	la robe	le plastique	plastic
shorts	le short		
underpants	le slip	la pointure	size (of shoes)
tights	le collant	la couleur	colour
bathing costume	le maillot de bain	étroit	tight
		large	wide
shoes	les chaussures (f)	léger (légère)	light
sports shoes	les chaussures de sport (f)	la mode	fashion
		la différence	difference
boots	les bottes (f)		
slippers	les pantoufles (f)		
sandals	les sandales (f)	### HIGHER PRODUCTIVE VOCABULARY	
socks	les chaussettes (f)	checked	à carreaux
pair	la paire	striped	rayé
		light (of colours)	clair
shirt	la chemise	dark (of colours)	foncé
tee-shirt	le tee-shirt	to take off	enlever
suit	le costume	to make a mistake	faire une erreur
tie	la cravate	complaint	la réclamation
jacket	la veste, le blouson	changing cubicle	la cabine d'essayage
pullover	le pull-over		

SHOPPING

(HIGHER PRODUCTIVE VOCABULARY)	HIGHER RECEPTIVE VOCABULARY
leather **le cuir**	**le soutien-gorge** bra
pocket **la poche**	**le tricot** jumper
tight **serré**	

BASIC PHRASES
What size is it? **C'est quelle taille?**
I'd like to try on this dress **Je voudrais essayer cette robe**
That's not right, it's too short **Ça ne va pas, c'est trop court**
I'm going to wear jeans **Je vais porter un jean**

HIGHER PHRASES
Does that suit me? **Est-ce que ça me va?**
I prefer this one in light blue **Je préfère celui-ci en bleu clair**
Where are the changing rooms? **Où sont les cabines d'essayage?**
Have you got the same shirt in white? **Avez-vous la même chemise en blanc?**

Signs

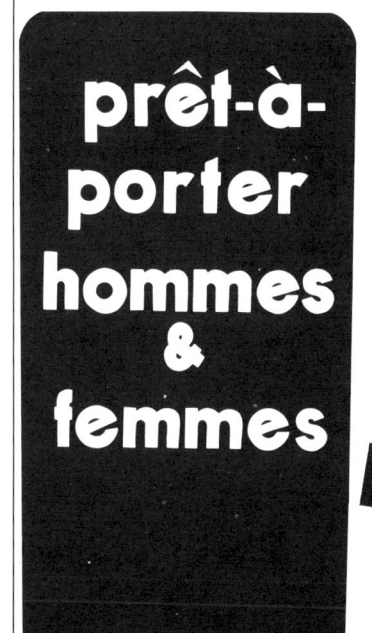

prêt-à-porter hommes & femmes

fin de série

50 f

salon d'essayage

10 Health and welfare

BASIC PRODUCTIVE VOCABULARY

arm	le bras
leg	la jambe
knee	le genou
back	le dos
stomach	le ventre
eye	l'œil (m)
	(pl. les yeux)
ear	l'oreille (f)
nose	le nez
mouth	la bouche
tooth	la dent
throat	la gorge
hand	la main
finger	le doigt
foot	le pied
hair	les cheveux (m)
head	la tête

chemist's	la pharmacie
aspirin	l'aspirine (f)
cream	la crème
tube	le tube
medicine	le médicament
lozenge	la pastille
something for (i.e. to cure/relieve)	quelque chose pour, contre

health	la santé
cold	le rhume
sunburn	le coup de soleil
to have a pain	avoir mal
to hurt	faire mal
hot	chaud
cold	froid
ill	malade
to fall	tomber
appointment	le rendez-vous
to feel better	aller mieux

careful!	attention!
help!	au secours!
fire!	au feu!
stop thief!	au voleur!
accident	l'accident (m)
ambulance	l'ambulance (f)
doctor	le médecin★
dentist	le dentiste★
hospital	l'hôpital (m)
injured	blessé
serious	grave, sérieux (sérieuse)
urgent	urgent
to be thirsty	avoir soif
to be hungry	avoir faim
tired	fatigué
to sleep	dormir
since	depuis
glasses	les lunettes (f)

BASIC RECEPTIVE VOCABULARY

le cœur	heart
l'estomac (m)	stomach
le visage	face
se brûler	to get burnt
se casser	to break
mort	dead
l'assurance (f)	insurance
sale	dirty
propre	clean
le docteur★	doctor
l'opticien, l'opticienne	optician
le cachet	tablet
la pilule	pill

HEALTH AND WELFARE

(BASIC RECEPTIVE VOCABULARY)

enrhumé	suffering from a cold
la fièvre	temperature
la grippe	flu
le mal de mer	sea-sickness
l'ordonnance (f)	prescription

HIGHER PRODUCTIVE VOCABULARY

neck	le cou
shoulder	l'épaule (f)
tongue	la langue
voice	la voix

to bleed	saigner
to die	mourir
alive	vivant
to sting	piquer
seriously	gravement
worried	inquiet (inquiète)
operation	l'opération (f)
sympathy	la sympathie

to advise	conseiller
bath	le bain
to cough	tousser
injection	la piqûre
to catch	attraper
cold	le rhume
to wipe	essuyer
to stay in bed	garder le lit
smell	l'odeur (f)

illness	la maladie
pain	la douleur
swollen	gonflé
to feel	se sentir
diarrhoea	la diarrhée
constipated	constipé
weak	faible
strong	fort

cotton wool	le coton hydrophile

Labels on medicine

posologie :
- 2 cuillerées à café (soit 10 ml) 3 fois par jour après les 3 principaux repas et éventuellement, le soir au coucher.

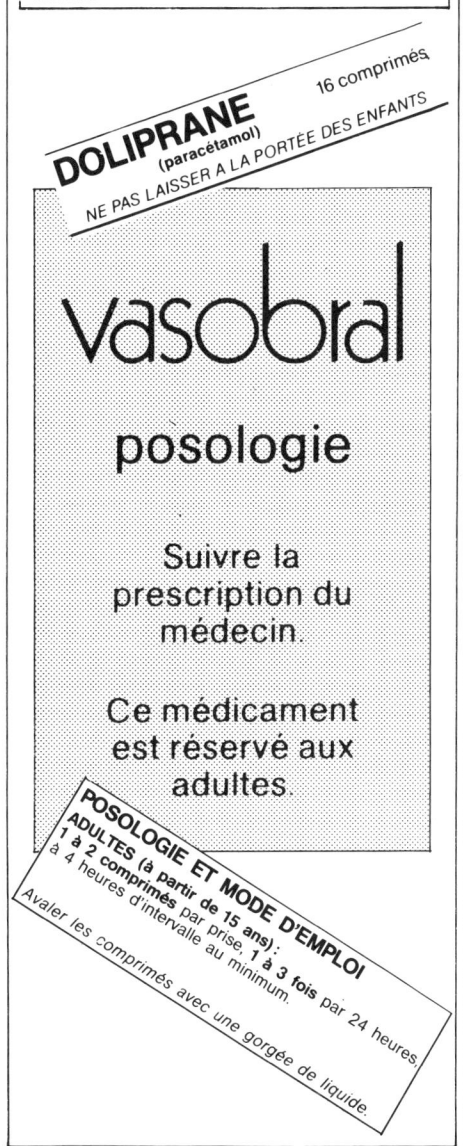

DOLIPRANE (paracétamol)
16 comprimés
NE PAS LAISSER A LA PORTÉE DES ENFANTS

Vasobral

posologie

Suivre la prescription du médecin.

Ce médicament est réservé aux adultes.

POSOLOGIE ET MODE D'EMPLOI
ADULTES (à partir de 15 ans) :
1 à 2 comprimés par prise, 1 à 3 fois par 24 heures
à 4 heures d'intervalle au minimum.
Avaler les comprimés avec une gorgée de liquide.

HEALTH AND WELFARE

(HIGHER PRODUCTIVE VOCABULARY)		(HIGHER RECEPTIVE VOCABULARY)	
bandage	le pansement	être admis	to be admitted
plaster	le plâtre	le patient,	patient
sticking plaster	le sparadrap	la patiente	
antiseptic	antiseptique	le remède	remedy
syrup	le sirop	souffrant	suffering
toothbrush	la brosse à dents	souffrir	to suffer
to brush your teeth	se brosser les dents	vomir	to be sick
towel	la serviette	avaler	to swallow
to have a shave	se raser	l'insolation (f)	sunstroke

HIGHER RECEPTIVE VOCABULARY			
le corps	body	le comprimé	tablet
la cheville	ankle	la cuillerée	spoonful
la peau	skin	le sommeil	sleep
le sang	blood	endormi	asleep
la poitrine	chest	pleurer	to cry
		se noyer	to drown
		se fouler	to sprain, twist
le cabinet	consulting room	immobile	immobile
la clinique	clinic	le rasoir	razor

Signs, notices

DANGER DE MORT
ACCESSIBLE SEULEMENT AU PERSONNEL AUTORISE

ENTRÉE
Strictement RÉSERVÉE
AUX AMBULANCES
ET AU CORPS MÉDICAL

• **DEFENSE DE FUMER** •

SORTIE de SECOURS

HEALTH AND WELFARE

BASIC PHRASES

I have got a headache	**J'ai mal à la tête**
I am hot and thirsty	**J'ai chaud et j'ai soif**
Have you got something to treat sunburn?	**Avez-vous quelque chose pour un coup de soleil?**
Call a doctor, quickly!	**Appelez un médecin, vite!**
I am very well, thank you	**Ça va très bien, merci**

HIGHER PHRASES

I have broken my leg	**Je me suis cassé la jambe**
What should I do?	**Qu'est-ce que je dois faire?**
My mother feels ill	**Ma mère se sent malade**
I can't stop coughing	**Je n'arrête pas de tousser**
I have been sick three times since yesterday	**J'ai vomi trois fois depuis hier**

11 Times, days, months, seasons

Days of the week

Monday **lundi**
Tuesday **mardi**
Wednesday **mercredi**
Thursday **jeudi**

Friday **vendredi**
Saturday **samedi**
Sunday **dimanche**

Seasons

Spring **le printemps**
Summer **l'été** *(m)*
Autumn **l'automne** *(m)*
Winter **l'hiver** *(m)*

The day

day **le jour**
morning **le matin**
afternoon **l'après-midi** *(m)*
evening **le soir**

night **la nuit**
today **aujourd'hui**
yesterday **hier**
tomorrow **demain**

Months

January **janvier**
February **février**
March **mars**
April **avril**
May **mai**
June **juin**

July **juillet**
August **août**
September **septembre**
October **octobre**
November **novembre**
December **décembre**

Time

time **l'heure** *(f)*
hour **l'heure** *(f)*
minute **la minute**
second **la seconde**

half **demi**
quarter **le quart**
midday **midi**
midnight **minuit**

TIMES, DAYS, MONTHS, SEASONS

Periods of time

week la semaine
fortnight quinze jours
month le mois
year l'an *(m)*

PHRASES

What time is it? **Quelle heure est-il?**
It is half past three **Il est trois heures et demie**
It is a quarter to four **Il est quatre heures moins le quart**
What date is it? **C'est quelle date?**
Today is the fourteenth of April **Aujourd'hui, c'est le quatorze avril**
In the summer **En été**
Every Saturday **Tous les samedis**
He will arrive on May 2nd **Il va arriver le 2 mai**
Tomorrow and the day after **Demain et après-demain**
Winter begins in a fortnight **L'hiver commence dans quinze jours**

12 Geography and the weather

Buildings

BASIC PRODUCTIVE VOCABULARY

building	le bâtiment
place	l'endroit (m)
square	la place
wall	le mur
monument	le monument
shop	le magasin
library	la bibliothèque
museum	le musée
theatre	le théâtre
cinema	le cinéma
disco	la discothèque
swimming pool	la piscine
stadium	le stade
airport	l'aéroport (m)
garage	le garage
petrol station	la station-service
car park	le parking
station	la gare
bus station	la gare routière
bank	la banque
post office	la poste
market	le marché
shopping centre	le centre commercial
office	le bureau
tourist office	l'office de tourisme, le syndicat d'initiative
castle	le château
cathedral	la cathédrale
church	l'église (f)
hotel	l'hôtel (m)
town hall	l'hôtel de ville (m), la mairie
farm	la ferme
camp site	le camping
hospital	l'hôpital (m)
café	le café
tobacconist's	le (café) tabac
restaurant	le restaurant

BASIC RECEPTIVE VOCABULARY

le commissariat	police station (in towns)
la gendarmerie	police station (in the country)
le grand ensemble	(housing) estate
le pont	bridge

HIGHER PRODUCTIVE VOCABULARY

zoo	le jardin zoologique, le zoo
travel agent's	l'agence de voyages (f)

GEOGRAPHY AND THE WEATHER

Signs and notices

TARIF PARKING PAYANT
TOUS LES JOURS
DU 1ᴱᴿ AVRIL AU 15 OCTOBRE
1ᴱᴿᴱ HEURE :5F
2ᴱᴹᴱ HEURE :5F
3ᴱᴹᴱ HEURE :4F

BIBLIOTHÈQUE MUNICIPALE

P.T.T.

Syndicat d'initiative

Nature and location

BASIC PRODUCTIVE VOCABULARY

forest	**la forêt**	country	**le pays**
tree	**l'arbre** (*m*)	area	**la région**
flower	**la fleur**	province	**la province**
field	**le champ**	town	**la ville**
park	**le parc, le jardin public**	village	**le village**
		historic	**historique**
		industrial	**industriel**
river	**la rivière, le fleuve**	countryside	**la campagne**
Thames	**la Tamise**	hill	**la colline**
English Channel	**la Manche**	valley	**la vallée**
sea	**la mer**	Pyrenees	**les Pyrénées** (*f*)
North Sea	**la mer du Nord**	Alps	**les Alpes** (*f*)
edge	**le bord**		
beach	**la plage**	Brittany	**la Bretagne**
French Riviera	**la côte d'Azur**	Brussels	**Bruxelles**

GEOGRAPHY AND THE WEATHER

(BASIC PRODUCTIVE VOCABULARY)

Dover	**Douvres**
Edinburgh	**Édimbourg**
London	**Londres**
South of France	**le Midi**
to be situated	**se trouver**
North	**le nord**
South	**le sud**
East	**l'est**
West	**l'ouest**
by the side of	**à côté de**
near	**près (de)**
far	**loin (de)**
behind	**derrière**
in front of	**devant**
opposite	**en face de**
metre	**le mètre**
kilometre	**le kilomètre**

BASIC RECEPTIVE VOCABULARY

le bois	wood
la montagne	mountain
la pollution	pollution
pollué	polluted
l'environnement (*m*)	environment
l'herbe (*f*)	grass
l'habitant (*m*)	inhabitant
mille	thousand
le million	million

la banlieue	suburbs
le quartier	area of a town
situé	situated
la côte	coast
l'île (*f*)	island
entre	between
le monde	world

HIGHER PRODUCTIVE VOCABULARY

place	**l'endroit** (*m*), **le lieu**
noise	**le bruit**
quiet	**le calme**
below	**en bas**
above	**en haut**
scenery, landscape	**le paysage**
lake	**le lac**
deep	**profond**
top	**le sommet**
earth	**la terre**
about	**environ**
era	**l'époque** (*f*)

HIGHER RECEPTIVE VOCABULARY

agricole	agricultural
pittoresque	picturesque
paisible	peaceful
la randonnée	walk
le siècle	century
entouré de	surrounded by

BASIC PHRASES

It's an industrial town	**C'est une ville industrielle**
I live in the North of England	**J'habite dans le nord de l'Angleterre**
The village is by the seaside	**Le village se trouve au bord de la mer**
The park is two kilometres away	**Le parc est à deux kilomètres**
I don't know the area	**Je ne connais pas la région**

GEOGRAPHY AND THE WEATHER

HIGHER PHRASES

It's a quiet, peaceful place	**C'est un endroit calme et paisible**
The countryside is very picturesque	**Le paysage est très pittoresque**
At the bottom, you can see a lake surrounded by big forests	**En bas, vous voyez un lac entouré d'immenses forêts**
Can you go for hikes here?	**Peut-on faire des randonnées ici?**
There are about a thousand inhabitants	**Il y a environ mille habitants**

Phrases taken from tourist brochures

■ Randonnées et excursions pour admirer de pittoresques ci de fiers châteaux ou remonter jusqu'à la préhistoire, ns oublier les délices ré

■ Les plages de la Côte d'Opale aux portes de l'Europe du Nord, le sport, l'air vif du grand large r des vacances d

Picardie. Riche et forte, la Picardie est un pays de plateaux et de vallées avec une importante façade maritime.

Les vallées. Verdoyantes et largement évasées, elles sont parcourues de rivières (Somme, Avre, Authie, Canche) au cours lent s'étalant souvent en marais et en étangs où abondent Dans les fonds alternent d'anciennes tourbières, des prairies (Abbeville, Amiens, tdidier), des s par des canaux

Reproduced with the permission of Michelin from their Tourist Guide *Flandres-Artois-Picardie* 1st edition.

Weather

BASIC PRODUCTIVE VOCABULARY

weather	**le temps**		to shine	**briller**
weather forecast	**la météo**		fog	**le brouillard**
temperature	**la température**		wind	**le vent**
season	**la saison**			
			pleasant	**agréable**
rain	**la pluie**		fine	**beau**
to rain	**pleuvoir**		bad	**mauvais**
snow	**la neige**		hot	**chaud**
to snow	**neiger**		cold	**froid**
ice	**la glace**		strong	**fort**
sun	**le soleil**		damp	**humide**

GEOGRAPHY AND THE WEATHER

BASIC RECEPTIVE VOCABULARY

le climat	climate
le degré	degree
léger (légère)	light
lourd	heavy
le ciel	sky
le nuage	cloud
un éclair	lightning
le tonnerre	thunder
geler	to freeze
normalement	normally
quelquefois	sometimes
rapidement	rapidly
rarement	rarely
souvent	often

HIGHER PRODUCTIVE VOCABULARY

sunset	le coucher de soleil
sunrise	le lever de soleil
in full daylight	en plein jour
in full sunlight	en plein soleil
shade, shadow	l'ombre (f)
cool, fresh	frais (fraîche)
to cool down	se refroidir
to pour down (of rain)	pleuvoir à verse
sad, gloomy	triste
thanks to	grâce à
despite	malgré

HIGHER RECEPTIVE VOCABULARY

l'amélioration (f)	improvement
le changement	change
la prévision	prediction
prévoir	to predict
variable	changeable
doux	mild
sec	dry
pluvieux	rainy
couvert	cloudy, overcast
nuageux	cloudy
ensoleillé	sunny
l'averse (f)	shower (of rain)
la précipitation	rain
l'éclaircie (f)	bright interval
la brume	fog, mist
brumeux	misty
la visibilité	visibility
la grêle	hail
l'orage (m)	storm
la tempête	storm
souffler	to blow
la chaleur	heat

BASIC PHRASES

What's the weather like?	**Quel temps fait-il?**
It's fine but cold	**Il fait beau mais froid**
It's raining, and is only 8°C	**Il pleut, et il fait seulement huit degrés**
The sun is going to shine later	**Le soleil va briller plus tard**
The forecast for this evening is good	**La météo pour ce soir est bonne**

GEOGRAPHY AND THE WEATHER

HIGHER PHRASES

I hope it's going to stay dry   **J'espère qu'il ne va pas pleuvoir**
It was pouring down at five o'clock   **Il pleuvait à verse à cinq heures**
I didn't hear the thunder   **Je n'ai pas entendu le tonnerre**
Our area has a mild climate   **Notre région a un climat doux**
Every cloud has a silver lining   **Après la pluie, le beau temps**

The following phrases are taken from newspaper weather forecasts. What do they mean?

Météo

Le grand soleil doit effectuer son retour avec un ciel dégagé et bleu sur la plupart des régions.
Par endroits, cependant, la patience sera de mise, le temps pour les brumes et brouillards matinaux de se dissiper. En revanche, sur la Bretagne et le Pays basque, les nuages seront assez nombreux dès le matin. Au fil des heures, des nuages atteindront aussi les Pays de la Loire et la Normandie. Dans la journée, après une nuit très fraîche sur le quart nord-est, la température variera de 12 à 20° du nord au sud. Les vents, près de la Méditerranée, faibliront dans l'après-midi.

Prévisions valables jusqu'au 20 avril :
Dimanche et lundi : temps variable avec de nombreux nuages et brumes en début de journée, puis aggravation au cours de la journée avec des ondées localement orageuses. Les orages, isolés dimanche, seront plus fréquents lundi et les pluies plus fortes. Vents de sud-ouest modérés devenant assez forts lundi. Températures douces pour la saison. Température maximale 18 à 20°.
Mardi et mercredi : temps plus frais avec alternance d'éclaircies et de passages nuageux accompagnés d'averses. Vents d'ouest à sud-ouest modérés à assez forts. Températures en baisse.

Aujourd'hui dans la région : Pluies faibles à modérées en matinée. En début d'après-midi, amélioration progressive pour l'ouest avec quelques éclaircies. Vent de secteur sud à sud-ouest modéré.
Dimanche : éclaircies et brumes matinales, puis aggravation avec pluies orageuses intermittentes. Vent de sud à sud-ouest faible à modéré. Rafales sous orages.
...ratures prévues aujourd'hui (mini/maxi) :
10/17 / Châteauroux